Déclaration des droits de la femme

et de la citoyenne

Bac français 2023

Préambule

Les mères, les filles, les soeurs, représentantes de la nation, demandent d'être constituées en Assemblée nationale.

Considérant que l'ignorance, l'oubli ou le mépris des droits de la femme, sont les seules causes des malheurs publics et de la corruption des gouvernements, ont résolu d'exposer dans une déclaration solennelle, les droits naturels inaliénables et sacrés de la femme, afin que cette déclaration, constamment présente à tous les membres du corps social, leur rappelle sans cesse leurs droits et leurs devoirs, afin que les actes du pouvoir des femmes, et ceux du pouvoir des hommes, pouvant être à chaque instant comparés avec le but de toute institution politique, en soient plus respectés, afin que les réclamations des citoyennes, fondées désormais sur des principes simples et incontestables, tournent toujours au maintien de la Constitution, des bonnes murs, et au bonheur de tous.

En conséquence, le sexe supérieur, en beauté comme en courage, dans les souffrances maternelles, reconnaît et déclare, en présence et sous les auspices de l'Etre suprême, les Droits suivants de la Femme et de la Citoyenne.

Déclaration des droits de la femme et de la citoyenne (1791)

Article premier

La Femme naît libre et demeure égale à l'homme en droits. Les distinctions sociales ne peuvent être fondées que sur l'utilité commune.

Article2

Le but de toute association politique est la conservation des droits naturels et imprescriptibles de la Femme et de l'Homme. Ces droits sont la liberté, la propriété, la sûreté, et surtout la résistance à l'oppression.

Article3

Le principe de toute souveraineté réside essentiellement dans la Nation, qui n'est que la réunion de la Femme et de l'Homme : nul corps, nul individu, ne peut exercer d'autorité qui n'en émane expressément.

Article4

La liberté et la justice consistent à rendre tout ce qui appartient à autrui ; ainsi l'exercice des droits naturels de la femme n'a de bornes que la tyrannie perpétuelle que l'homme lui oppose ; ces bornes doivent être réformées par les lois de la nature et de la raison.

Article5

Les lois de la nature et de la raison défendent toutes actions nuisibles à la société ; tout ce qui n'est pas défendu pas ces lois, sages et divines, ne peut être empêché, et nul ne peut être contraint à faire ce qu'elles n'ordonnent pas.

Article6 La loi doit être l'expression de la volonté générale ; toutes les Citoyennes et Citoyens doivent concourir personnellement ou par leurs représentants, à sa formation ; elle doit être la même pour tous : toutes les Citoyennes et tous les Citoyens, étant égaux à ses yeux, doivent être également admissibles à toutes dignités, places et emplois publics, selon leurs capacités, et sans autres distinctions que celles de leurs vertus et de leurs talents.

Article7

Nulle femme n'est exceptée ; elle est accusée, arrêtée, et détenue dans les cas déterminés par la loi : les femmes obéissent comme les hommes à cette loi rigoureuse.

Article8

La Loi ne doit établir que des peines strictement et évidemment nécessaires, et nul ne peut être puni qu'en vertu d'une Loi établie et promulguée antérieurement au délit et légalement appliquée aux femmes.

Article9

Toute femme étant déclarée coupable ; toute rigueur est exercée par la Loi.

Article10

Nul ne doit être inquiété pour ses opinions mêmes fondamentales, la femme a le droit de monter sur l'échafaud ; elle doit avoir également celui de monter à la Tribune ; pourvu que ses manifestations ne troublent pas l'ordre public établi par la loi.

Article11

La libre communication des pensées et des opinions est un des droits les plus précieux de la femme, puisque cette liberté assure la légitimité des pères envers les enfants. Toute Citoyenne peut donc dire librement, je suis mère d'un enfant qui vous appartient, sans qu'un préjugé barbare la force à dissimuler la vérité ; sauf à répondre de l'abus de cette liberté dans les cas déterminés par la Loi.

Article12

La garantie des droits de la femme et de la Citoyenne nécessite une utilité majeure ; cette garantie doit être instituée pour l'avantage de tous, et non pour l'utilité particulière de celles à qui elle est confiée.

Article13

Pour l'entretien de la force publique, et pour les dépenses d'administration, les contributions de la femme et de l'homme sont égales ; elle a part à toutes les corvées, à toutes les tâches pénibles ; elle doit donc avoir de même part à la distribution des places, des emplois, des charges, des dignités et de l'industrie.

Article14

Les Citoyennes et Citoyens ont le droit de constater par eux-mêmes ou par leurs représentants, la nécessité de la contribution publique. Les Citoyennes ne peuvent y adhérer que par l'admission d'un partage égal, non seulement dans la fortune, mais encore dans l'administration publique, et de déterminer la quotité, l'assiette, le recouvrement et la durée de l'impôt.

Article15

La masse des femmes, coalisée pour la contribution à celle des hommes, a le droit de demander compte, à tout agent public, de son administration.

Article16

Toute société, dans laquelle la garantie des droits n'est pas assurée, ni la séparation des pouvoirs déterminée, n'a point de constitution ; la constitution est nulle, si la majorité des individus qui composent la Nation, n'a pas coopéré à sa rédaction.

Article17

Les propriétés sont à tous les sexes réunis ou séparés : elles ont pour chacun un droit lorsque la nécessité publique, légalement constatée, l'exige évidemment, et sous la condition d'une juste et préalable indemnité.

Postambule

F emme, réveille-toi ; le tocsin de la raison se fait entendre dans tout l'univers ; reconnais tes droits. Le puissant empire de la nature n'est plus environné de préjugés, de fanatisme, de superstition et de mensonges. Le flambeau de la vérité a dissipé tous les nuages de la sottise et de l'usurpation. L'homme esclave a multiplié ses forces, a eu besoin de recourir aux tiennes pour briser ses fers. Devenu libre, il est devenu injuste envers sa compagne. Ô femmes ! Femmes, quand cesserez-vous d'être aveugles ? Quels sont les avantages que vous recueillis dans la révolution ? Un mépris plus marqué, un dédain plus signalé. Dans les siècles de corruption vous n'avez régné que sur la faiblesse des hommes. Votre empire est détruit ; que vous reste t-il donc ? La conviction des injustices de l'homme. La réclamation de votre patrimoine, fondée sur les sages décrets de la nature ; qu'auriez-vous à redouter pour une si belle entreprise ? Le bon mot du Législateur des noces de Cana ? Craignez-vous que nos Législateurs français, correcteurs de cette morale, longtemps accrochée aux branches de la politique, mais qui n'est plus de saison, ne vous répètent : femmes, qu'y a-t-il de commun entre vous et nous ? Tout, auriez vous à répondre. S'ils s'obstinent, dans leur faiblesse, à mettre cette inconséquence en contradiction avec leurs principes ; opposez courageusement la force de la raison aux vaines prétentions de supériorité ; réunissez-vous sous les étendards de la philosophie ; déployez toute l'énergie de votre caractère, et vous verrez bientôt ces orgueilleux, non serviles adorateurs rampants à vos pieds, mais fiers de partager avec vous les trésors de l'Etre Suprême. Quelles que soient les barrières que l'on vous oppose, il est en votre pouvoir de les affranchir ; vous n'avez qu'à le vouloir. Passons maintenant à l'effroyable tableau de ce que vous avez été dans la société ; et puisqu'il est question, en ce moment, d'une éducation nationale, voyons si nos sages Législateurs penseront sainement sur l'éducation des femmes.

Les femmes ont fait plus de mal que de bien. La contrainte et la dissimulation ont été leur partage. Ce que la force leur avait ravi, la ruse leur a rendu ; elles ont eu recours à toutes les ressources de leurs charmes, et le plus irréprochable ne leur résistait pas. Le poison, le fer, tout leur était soumis ; elles commandaient au crime comme à la vertu. Le gouvernement français, surtout, a dépendu, pendant des siècles, de l'administration nocturne des femmes ; le cabinet n'avait point de secret pour leur indiscrétion ; ambassade, commandement, ministère, présidence, pontificat, cardinalat ; enfin tout ce qui caractérise la sottise des hommes, profane et sacré, tout a été soumis à la cupidité et à l'ambition de ce sexe autrefois méprisable et respecté, et depuis la révolution, respectable et méprisé.

Analyse de l'œuvre

Déclaration des droits de la femme et de la citoyenne

———————

L a *Déclaration des droits de la femme et de la citoyenne* est un projet de texte législatif français, exigeant la pleine assimilation légale, politique et sociale des femmes, rédigé le 14 septembre 1791, par l'écrivaine Olympe de Gouges sur le modèle de la Déclaration des droits de l'homme et du citoyen proclamée le 26 août 1789, et publié dans la brochure Les Droits de la femme, adressée à la reine [1,2]. Premier document à évoquer l'égalité juridique et légale des femmes par rapport aux hommes, la Déclaration des droits de la femme et de la citoyenne a été rédigée afin d'être présentée à l'Assemblée législative le 28 octobre 1791 pour y être adoptée.

La *Déclaration des droits de la femme et de la citoyenne* constitue un pastiche critique de la Déclaration des droits de l'homme et du citoyen, qui énumère des droits ne s'appliquant qu'aux hommes, alors que les femmes ne disposaient pas du droit de vote, de l'accès aux institutions publiques, aux libertés professionnelles, aux droits de propriété, etc. Olympe de Gouges y défend, non sans ironie à l'égard des préjugés masculins, la cause des femmes, écrivant ainsi que « la femme naît libre et demeure égale à l'homme en droits ».

Origines

L'évolution du concept de droits humains s'est manifestée lors de la période de la philosophie des Lumières, notamment grâce aux idées des encyclopédistes. Bien que cette notion ait été lancée pour la première fois en 1689 par le *Bill of Rights*, en Grande-Bretagne, suivi en 1776 par la Déclaration des droits de l'État de Virginie, puis à la Révolution par la *Déclaration des droits de l'homme et du citoyen* de 1789, aucun de ces documents ne prend en considération spécifiquement les femmes, le terme « hommes » étant ici utilisé dans son sens étymologique qui englobe indistinctement toute l'humanité.

Analyse

S'inspirant étroitement de la *Déclaration des droits de l'homme et du citoyen*, la Déclaration des droits de la femme et de la citoyenne se compose également d'un préambule (adressé à Marie-Antoinette) et de 17 articles, et d'un *postambule*. Il ne s'agit pas simplement d'un contre-projet pour les femmes. Il est clair que la nation est formée par les deux sexes en commun (art. iii). Dans nombre d'endroits, Olympe de Gouges a remplacé « l'homme » par « la femme et l'homme », de façon à rendre claire la concordance entre les deux sexes. L'article vii énonce fermement qu'il n'y a pas de droits spéciaux pour les femmes : « Nulle femme n'est exceptée ; elle est accusée, arrêtée, et détenue dans les cas déterminés par la Loi. »

Alors que, dans les articles i et ii, les revendications correspondent largement à la liberté, l'égalité, la sécurité, le droit à la propriété et le droit de résister à l'oppression, la notion de liberté chez de Gouges se différencie de la définition antinomique de 1789 (« La liberté consiste à faire tout ce qui ne nuit pas à autrui »). L'article iv dispose en effet que « La liberté et la justice consistent à rendre tout ce qui appartient à autrui ». Ainsi, la liberté est liée à la justice et les femmes veulent moins un accroissement de leurs libertés que les droits naturels qui leur échoient à la naissance.

La *Déclaration des droits de la femme et de la citoyenne* dévie également considérablement de la Déclaration des droits de l'homme et du citoyen, comme dans l'article xi où la liberté de pensée et d'opinion doit spécifiquement permettre aux mères, selon de Gouges, de « dire librement, je suis mère d'un enfant qui vous appartient, sans qu'un préjugé barbare la force à dissimuler la vérité[3]. »

Un principe de base selon de Gouges est que l'identité des devoirs doit entraîner celle des droits (par exemple, l'imposition) (art. xiii à xv). Olympe réclamait un traitement égalitaire envers les femmes dans tous les domaines de la vie, tant publics que privés : avoir droit au vote et à la propriété privée, pouvoir prendre part à l'éducation et à l'armée, et exercer des charges publiques, en arrivant même à demander l'égalité de pouvoir dans la famille et dans l'Église. La phrase la plus célèbre de sa Déclaration est : « La Femme a le droit de monter sur l'échafaud ; elle doit avoir également celui de monter à la Tribune » (art. x).

Les hommes qui dirigeaient la Révolution étaient, à de rares exceptions, même pour les plus radicaux d'entre eux, loin de partager cette approche féministe. Son opposition à la peine de mort, son soutien affiché aux Girondins après leur chute, entre autres, lui vaudront d'être arrêtée et guillotinée le 3 novembre 1793.

Portée et postérité

Cette Déclaration resta à l'état de projet. D'une part, elle n'a paru qu'en cinq exemplaires et a été politiquement complètement ignorée tandis que, de l'autre, il a été dit que « la Déclaration a fait sensation dans toute la France, et même à l'étranger. » Il faut attendre 1840 pour que quelques extraits de cette Déclaration soient publiés, et l'intégralité du texte ne l'a été qu'en 1986, par Benoîte Groult[4].

L'importance historique de la *Déclaration des droits de la femme et de la citoyenne* réside dans son statut de première déclaration universelle des droits humains qui élève une exigence universellement valable à la fois pour les hommes et les femmes. De cette façon, la *Déclaration des droits de l'homme et du citoyen* de 1789, qui n'avait été arrêtée que pour une moitié de l'humanité, sans avoir été légitimée par l'autre moitié, se trouvait, en réalité, dépassée alors qu'elle continue à être transmise, dans la conscience historique moderne, comme la base des droits de l'homme. La *Déclaration des droits de la femme et de la citoyenne* constitue, de ce fait, un plaidoyer radical en faveur des revendications féminines et une proclamation de l'universalisation des droits humains.

Notes et références

1. Les Droits de la femme, 1791, 24 pages. Disponible sur Gallica Notice bibliographique Les droits de la femme . A la Reine | BnF Catalogue général - Bibliothèque nationale de France
2. Maxime Foerster, La Différence des sexes à l'épreuve de la République, Paris, L'Harmattan, 2003, 126 pages, p. 23 (ISBN 2747554112). Cete considération était, sur le plan personnel, extrêmement importante pour Olympe de Gouges qui était probablement la fille naturelle de l'homme de lettres Lefranc de Pompignan.
3. Nicole Pellegrin, « Les disparues de l'histoire » Le Monde diplomatique, novembre 2008.
4. Eugène Blum, La Déclaration des droits de l'homme et du citoyen, Paris, Félix Alcan, 1909, 4e éd., 328 p. p. 34.

Olympe de Gouges

Marie Gouze, dite Olympe de Gouges Écouter, née le 7 mai 1748 à Montauban et morte guillotinée le 3 novembre 1793 à Paris, est une femme de lettres française, devenue femme politique. Elle est considérée comme une des pionnières du féminisme en France.

Rédactrice en 1791 de la Déclaration des droits de la femme et de la citoyenne, elle a laissé de nombreux écrits et pamphlets en faveur des droits civils et politiques des femmes et de l'abolition de l'esclavage des Noirs.

Elle est souvent prise pour emblème par les mouvements pour la libération des femmes.

I - Premières années à Montauban

Née le 7 mai 1748 à Montauban; Marie Gouze[2,3,note 1] a été déclarée fille de Pierre Gouze, bourgeois de Montauban maître boucher[7]— il n'a pas signé au baptême car absent — et d'Anne

Olympe Mouisset, fille d'un avocat issu d'une famille de marchands drapiers[note 2], mariés en 1737[8].

Sa famille maternelle, la famille Mouisset, est très liée aux Lefranc de Pompignan. une famille de la noblesse de robe de Montauban. Le grand-père maternel d'Olympe, Jacques Mouisset, a été le précepteur de Jean-Jacques Lefranc de Pompignan ; sa grand-mère maternelle Anne Marty a été la nourrice de Jean-Georges Lefranc de Pompignan, son frère et futur évêque du Puy-en-Velay[9]. Jean-Jacques Lefranc de Pompignan est le parrain d'Anne Olympe Mouisset, baptisée le 11 février 1714[10].

Anne Olympe Mouisset et Jean-Jacques Lefranc de Pompignan, de cinq ans son aîné, grandissent ensemble et nouent des liens affectifs qui contraignent leurs parents à mettre de la distance entre eux, une alliance entre une famille bourgeoise et une famille de la noblesse étant inconcevable ; lui est envoyé à Paris, et elle est mariée à Pierre Gouze[9]. Jean-Jacques Lefranc de Pompignan revient en 1747 à Montauban comme président de la Cour des Aides ; il est peut-être alors l'amant d'Anne Olympe Gouze, qui donne naissance à Marie l'année suivante[9]. Selon le député Jean-Baptiste Poncet-Delpech et d'autres, « tout Montauban » sait que Lefranc de Pompignan est le père adultérin de la future Marie-Olympe de Gouges[11]

En 1765, à l'âge de dix-sept ans, Marie Gouze est mariée par ses parents à Louis-Yves Aubry, de trente ans plus âgé qu'elle[12]. Son mari, fils d'un bourgeois de Paris, est cuisinier et officier de bouche de l'intendant de Montauban[13]. Le mariage religieux est célébré le 24 octobre 1765, en l'église Saint-Jean-Baptiste de Villenouvelle de Montauban[14,15].

En août 1766 la jeune femme donne naissance à son fils Pierre Aubry[16].

Son mari, qu'elle déclara plus tard ne pas avoir aimé mais avoir éprouvé de la répugnance pour un homme « qui n'était ni riche ni bien né »[17] mourut à une date incertaine : en 1766 dans une crue du Tarn selon Olympe de Gouges, mais peut-être plus tard vers 1770-1771, alors qu'elle s'est enfuie du domicile conjugal pour venir à Paris[18]. Elle écrira : « Forcée de fuir un époux qui m'était odieux, je m'enfuis à Paris avec mon fils »[19].

Au début des années 1770, avec son fils, elle rejoint sa sœur aînée à Paris et prend le nom d'Olympe de Gouges ; « elle a désormais une nouvelle personnalité »[20,21].

II - Premières années à Paris : une vie de courtisane

On ignore avec quelles ressources elle arriva dans la capitale[20] et la plus grande obscurité règne sur ses premières années à Paris[22]. Selon la *correspondance de Grimm*, « son joli visage était son unique patrimoine »[23].

Son contemporain Jean-Baptiste Poncet-Delpech, aussi originaire de Montauban et qui la connut à Paris, la dit « devenue fille entretenue par des négociants, des grands seigneurs, des ministres, des princes, etc… »[22].

Elle mène alors une vie libre et entretient plusieurs liaisons (elle qualifiait le mariage religieux de « tombeau de la confiance et de l'amour »[24]), particulièrement avec Jacques Biétrix de Rozières, un entrepreneur de transports militaires[25], avec qui elle entretiendra une longue liaison et qui en dix ans lui donnera 70 000 francs devant notaire[26].

Il n'est pas douteux qu'elle eut des amants et des protecteurs, mais « il est certain que ce ne fut point une courtisane âpre au gain »[27]. Menant une vie luxueuse et galante de manière assez ostentatoire, elle acquiert une réputation de courtisane entretenue par les hommes, dans un contexte où la femme libre est assimilée à une prostituée[28].

Benoîte Groult, écrit à son sujet : « Si le *Petit Dictionnaire des Grands Hommes* a évoqué sa notoriété de « femme galante », si Restif de La Bretonne l'a placée injustement dans sa « liste des prostituées de Paris », si son biographe Monselet lui a prêté des caprices de « Bacchante affolée », elle ne défraya jamais la chronique scandaleuse de son temps et sa célébrité réelle date plutôt de l'époque où elle fréquenta les littérateurs et les philosophes, espérant combler un peu les lacunes de son éducation. On l'acceptait volontiers courtisane, on trouvait incongrues « ses prétentions intellectuelles »[23].

Grâce au soutien financier de Jacques Biétrix de Rozières, elle peut mener un train de vie aisé, figurant dès 1774 dans l'*Almanach de Paris* ou annuaire des personnes de condition. Elle demeure rue des Fossoyeurs, aujourd'hui rue Servandoni, au n° 18-22.

Anonyme, Olympe de Gouges. Mine de plomb et aquarelle, xviiie siècle. Musée du Louvre.

III - Fréquentation des salons littéraires parisiens et rencontre avec le théâtre

Elle se met à fréquenter les salons littéraires afin de diminuer les lacunes de son éducation limitée[29] (elle écrit : « Je n'ai pas l'avantage d'être instruite »[30]), où elle rencontre lettrés, artistes et hommes politiques[31].

Elle fréquente assidûment les salles de spectacle parisiennes, participe en tant qu'actrice à des représentations de théâtre de société et se lance dans la rédaction d'œuvres dramatiques, où elle met en scène ses idées et ses combats, mais aussi parfois son personnage[32]. Sa vocation pour le théâtre fut peut-être pour Olympe de Gouges une façon d'affirmer sa filiation supposée avec le dramaturge Jean-Jacques Lefranc de Pompignan, mais sans doute aussi le résultat d'une « théâtromanie » d'époque[32].

Support privilégié des idées nouvelles, le théâtre demeure à cette époque sous le contrôle étroit du pouvoir. Olympe de Gouges monte sa propre troupe, avec décors et costumes. C'est un théâtre itinérant qui se produit à Paris et sa région. Le marquis de la Maisonfort raconte dans ses *Mémoires* comment, en 1787, il rachète le « petit théâtre » d'Olympe de Gouges, conservant d'ailleurs une partie de la troupe dont fait partie le jeune Pierre Aubry, son fils.

Vers 1782, à l'âge de 34 ans, elle écrit sa première pièce *Zamore et Mirza*, un drame en prose en trois actes qui traite de l'esclavage des noirs, mais ce n'est qu'en décembre 1789 que la pièce fut créée à la Comédie-Française sous le titre *L'esclavage des Nègres*. La première représentation se déroule dans un chahut hostile sans doute organisé par les anti-abolitionnistes et la critique est sévère pour des raisons morales et littéraires, qui lui reproche l'abus du romanesque, la composition désordonnée et la platitude du style. La pièce est retirée après seulement trois représentations (sur la pression des colons d'après Olympe de Gouges). Elle est publiée en mars 1792[33].

En avril 1790, dans ses *Adieux aux Français*, elle annonce qu'elle vient d'écrire une seconde pièce abolitionniste, intitulée *Le Marché des Noirs*. Mais elle la propose sans succès en décembre de la même année[note 3]. Le 22 juillet 1793, surlendemain de son arrestation, puis le jour même de sa condamnation à mort le 2 novembre, elle invoque sa pièce *L'Esclavage des Nègres*, pour preuve de son patriotisme et de son combat de toujours contre la tyrannie[34].

IV - Essais sur la question coloniale

En plus de ses deux pièces de théâtre antiesclavagistes, Olympe de Gouges publie en février 1788 des *Réflexions sur les hommes nègres* :

> *« L'espèce d'hommes nègres, écrivait-elle avant la Révolution, m'a toujours intéressée à son déplorable sort. Ceux que je pus interroger ne satisfirent jamais ma curiosité et mon raisonnement. Ils traitaient ces gens-là de brutes, d'êtres que le Ciel avait maudits ; mais en avançant en âge, je vis clairement que c'était la force et le préjugé qui les avaient condamnés à cet horrible esclavage, que la Nature n'y avait aucune part et que l'injuste et puissant intérêt des Blancs avait tout fait[35]. »*

Ce texte la met en contact avec la société des amis des Noirs dont elle ne peut cependant être membre[note 4] en raison de ses cotisations élevées et de son règlement intérieur exclusif[36]. En janvier 1790, soit près de deux ans après la naissance de cette société, elle nie — en réponse aux imputations d'un colon — avoir jamais voulu en faire partie :

> *« Ce n'est pas la cause des philosophes, des Amis des Noirs que j'entreprends de défendre mais la mienne propre, et vous voudrez bien me permettre de me servir des seules armes qui sont en mon pouvoir... Je puis donc vous attester, Monsieur, que les Amis des Noirs n'existaient pas quand j'ai conçu ce sujet, et vous deviez plutôt présumer, si la prévention ne vous eût pas aveuglé, que c'est peut-être d'après mon drame que cette société s'est formée, ou que j'ai eu l'heureux mérite de me rencontrer noblement avec elle[37]. »*

Dans la brochure, elle nie connaître « M. de La Fayette », « ce héros magnanime », autrement que de « réputation ». En février 1788, Lafayette est pourtant un des membres fondateurs de cette société, et elle n'aurait évidemment pas manqué de le croiser. Si au début de l'année 1790, elle n'est pas membre de la société des amis des Noirs[38] il se peut qu'elle y soit entrée au deuxième semestre 1790 : Brissot affirme en 1793, dans ses mémoires, sans en dater le fait, qu'elle y est admise[39]. Dans les archives de la Société, pour la tranche chronologique 19 février 1788-11 juin 1790, son nom est seulement mentionné deux fois, en janvier et avril 1790 ; et ce comme une abolitionniste extérieure à la Société[40]. Cette adhésion relativement tardive coïnciderait avec l'écriture de sa seconde pièce de théâtre antiesclavagiste, *le Marché des Noirs*. Comme antiesclavagiste, elle est citée en 1808 par un ancien adhérent actif, l'abbé Grégoire, dans la « Liste des Hommes courageux qui ont plaidé la cause des malheureux Noirs » en préambule de *De La littérature des Nègres*. Les 69 personnes qui y figuraient n'avaient pas toutes appartenu à cette Association. De décembre 1789 à mars 1790 elle écrit deux lettres et un mémoire à propos du montage de sa pièce, *Zamor et Mirza* : "lettre de Mme de Gouges, auteur de l'esclavage des nègres au public" (*Chronique de Paris*, 19 décembre 1789) ; « lettre aux littérateurs français » (*Le Courrier de Paris, le Fouet national* 2 mars 1790), *Mémoire pour Mme de Gouges contre les Comédiens-Français* (mars 1790). Le 24 avril 1790 en proie provisoirement au découragement sur la révolution en général et la question de l'esclavage en particulier, elle annonce une mise en congé et écrit :

> « *Par ailleurs qu'ai-je dit aux colons ? Je les ai exhortés à traiter leurs esclaves avec plus de douceur et de générosité. Mais ils ne veulent pas perdre la plus légère partie de leurs revenus. Voilà le sujet de leurs craintes, de leur rage, de leur barbarie*[41]. »

On ne contestera pas la modération de ce texte. Mais il faut le remettre dans le contexte de son quasi-isolement et de l'échec du montage de *Zamor et Mirza* dont elle dut tenter, sans résultat, d'adoucir le ton face au maire de Paris, Bailly, très lié au club de l'hôtel de Massiac.

Pour la première fois à la mi-septembre 1791 dans le postambule de sa « déclaration des droits de la femme et de la citoyenne » en même temps qu'elle plaide le remplacement du mariage patriarcal et marital, par un « Contrat social de l'homme et de la femme », acceptant le principe du divorce, elle donne un avis sur l'infériorisation des mulâtres, propriétaires d'esclaves, par les Blancs :

> « *Il était bien nécessaire que je dise quelques mots sur les troubles que cause, dit-on, le décret en faveur des hommes de couleur, dans nos îles… Les Colons prétendent régner en despotes sur des hommes dont ils sont les pères et les frères ; et méconnoissant les droits de la nature, ils en poursuivent la source jusque dans la plus petite teinte de leur sang. Ces colons inhumains disent : notre sang circule dans leurs veines, mais nous le répandrons tout (sic), s'il le faut, pour assouvir notre cupidité, ou notre aveugle ambition*[42].
> »

Elle défend chaleureusement les droits des mulâtres, enfants naturels issus d'une relation sexuelle illégitime entre une esclave et un blanc. Elle invoque implicitement par solidarité avec eux sa propre naissance illégitime, et explicitement sa foi dans le droit naturel. À ce titre, elle approuve avec ses imperfections le décret amendé du 15 mai 1791, voté par tout le côté gauche antiségrégationniste – Robespierre excepté – de l'Assemblée constituante ; décret qu'elle estime « dicté par la prudence et par la justice »[43]. Elle stigmatise également, sans les nommer, Barnave, les Lameth, leurs complices à l'Assemblée nationale qui tentent de faire abroger le décret du 15 mai comme ils y réussiront finalement le 24 septembre 1791:

> *« Il n'est pas difficile de deviner les instigateurs de ces fermentations incendiaires : il y en a dans le sein même de l'Assemblée nationale : ils allument en Europe le feu qui doit embraser l'Amérique[44]. »*

Le caractère pionnier de l'engagement d'Olympe de Gouges est confirmé en septembre 1791 dans un postambule à sa déclaration des droits de la femme et de la citoyenne (même si ce dernier texte ne s'intéressait qu'à la question des mulâtres), qui va de pair avec une répugnance à admettre en 1792 le droit au recours à la violence de la part des mulâtres et des esclaves de Saint-Domingue pour défendre leurs droits ; droit pourtant admis par un nombre ascendant de patriotes[45].

> *« C'est à vous, actuellement, esclaves, hommes de couleur, à qui je vais parler ; j'ai peut-être des droits incontestables pour blâmer votre férocité : cruels, en imitant les tyrans, vous les justifiez (…) Quelle cruauté, quelle inhumanité ! La plupart de vos maîtres étaient humains et bienfaisants et dans votre aveugle rage vous ne distinguez pas les victimes innocentes de vos persécuteurs. Les hommes n'étaient pas nés pour les fers et vous prouvez qu'ils sont nécessaires. Je ne me rétracte point j'abhorre vos tyrans, vos cruautés me font horreur[46]. »*

Ce texte lui valut par lettre le persiflage de Manuel, en avril 1792, adjoint du maire Pétion :

> *« … Mme de Gouges a voulu aussi concourir à la rédemption des Noirs ; elle pourra trouver des esclaves qui ne veulent pas de leur liberté[45]. »*

Le nom d'Olympe de Gouges figure en 1808 dans une liste introductive à l'œuvre anti-esclavagiste de l'abbé Grégoire *De la littérature des Nègres*, liste qui est une dédicace à tous ceux qui avaient mené le combat pour la cause des Noirs et des sang-mêlés[45]. La mention de son nom par l'abbé Grégoire témoigne de l'importance du combat d'Olympe de Gouges sur les questions coloniales[47].

Dans son roman *Ingénue* (1853), Alexandre Dumas traite dans le chapitre *Le Club Social* de la dénonciation de l'esclavage et donne un panorama du mouvement abolitionniste à la veille de la Révolution française (1788) ; il consacre un paragraphe à Olympe de Gouges, auteure de *Zamor et Mirza*.

V - Révolution française

En 1788, le *Journal général de France* publie deux brochures politiques d'Olympe de Gouges, dont son projet d'impôt patriotique développé dans sa *Lettre au Peuple*[48]. Dans sa seconde brochure, les *Remarques patriotiques, par l'auteur de la Lettre au Peuple*[49], elle développe un vaste programme de réformes sociales et sociétales. Ces écrits sont suivis de nouvelles brochures qu'elle adresse épisodiquement aux représentants des trois premières législatures de la Révolution, aux Clubs patriotiques et à diverses personnalités dont Mirabeau, La Fayette et Necker qu'elle admire particulièrement.

Ses propositions sont proches de celles des hôtes d'Anne-Catherine Helvétius, qui tient un salon littéraire à Auteuil, et où l'on défend le principe d'une monarchie constitutionnelle. En 1790, elle s'installe elle-même à Auteuil, dans la rue du Buis, et y demeure jusqu'en 1793. Elle y est cette année-là arrêtée[50].

Fin août et début septembre 1791, dans *Avis pressant au roi* puis *Repentir de Mme De Gouges*, elle exprime ses réticences à l'égard d'une constitution qui accorde trop peu de pouvoirs au roi. Son approche est « monarchienne ». À ses yeux, l'égalité doit être stricte entre le pouvoir législatif et le roi des Français[51]. En avril 1792, commentant la limitation du droit de vote et d'éligibilité aux citoyens riches et propriétaires, elle conteste la constitution de septembre 1791 du fait de son caractère censitaire et masculin qui, à ces deux titres, l'exclut du droit de vote :

> *« Fuyez cette horde confuse, ce mélange effroyable de feuillants, d'aristocrates, d'émissaires de Coblentz, des brigands de tout genre, de tout état, de toute espèce & qui ne fondent leur fortune que sur celle de citoyens propriétaires*[52]. *»*

À ses débuts dans le conflit opposant les Girondins aux Montagnards, elle s'engage pour les seconds contre les premiers : comme Robespierre et Marat, elle s'oppose à la guerre d'attaque plaidée par Brissot, Vergniaud (pourtant son ami), Guadet et Condorcet. Deux textes de mars et avril 1792 le prouvent :

> *« Où nous mèneront tous ces préparatifs de guerre, comment soutenir une campagne, comment ne pas redouter les effets de la plus petite attaque ? [...] Aveugle furie, affreuse victoire. Que de chères, de précieuses victimes vont périr sous le glaive ennemi*[53]. *»*

Quelques jours avant la déclaration de guerre du 20 avril 1792, elle cite en ce sens Robespierre :

« … il faut convaincre, et rendre à chacun la liberté de délibérer sur le sort de son pays [...] voilà ma motion, et je m'oppose, comme M. Robespierre, au projet de la guerre[54]. »

En mars 1792, elle critique ironiquement Brissot :

« Je ne suis pas tout - à - fait l'ennemie des principes de M. Brissot, mais je les crois impraticables [...] Il est aisé même au plus ignorant, de faire des révolutions sur quelques cartons de papier ; hélas l'expérience de tous les peuples & celles que font les Français, m'apprennent que les plus savants & les plus sages n'établissent pas leurs doctrines sans produire des maux de toutes espèces[46]. »

Cependant, en octobre 1792, en raison de ses relations avec le marquis de Condorcet et son épouse née Sophie de Grouchy, elle rejoint, pour quelques mois, les Girondins. Elle fréquentait les Talma, le marquis de Villette et son épouse, également Louis-Sébastien Mercier et Michel de Cubières, secrétaire général de la Commune après le 10 août, qui vit avec la comtesse de Beauharnais, autrice dramatique et femme d'esprit qui tient un salon rue de Tournon. Avec eux, elle devient républicaine comme beaucoup de membres de la société d'Auteuil qui, presque tous, s'opposent à la mort de Louis XVI.

Sous le choc de la découverte de l'armoire de fer, fin novembre 1792 elle écrit une pièce de théâtre républicaine, *La France sauvée ou le tyran détrôné*, qui se déroule la veille de la journée du 10 août 1792 :

« — Madame Élisabeth : (…) Je ne peux être unie qu'à un roi, simple citoyen. Vous pouvez prétendre à mon cœur dans le silence mais vous ne serez jamais mon époux.

« — Barnave : Songez Madame qu'un représentant du peuple, un Barnave, vaut les Rois que vous citez. Je ne diffère d'avec eux que par cet esprit de politique, de trahison (…) Que me manquerait-il encore pour vous mériter ?

« — Madame Élisabeth : Le sang royal !

« — Barnave : Songez que j'ai racheté ce sang, par celui que j'ai fait couler, l'Amérique fume encore de ce sang que vous me reprochez. Cruelle, quand j'ai conservé peut-être seul le trône à votre frère, vous me reprochez ma naissance. Avez-vous pu oublier qu'il n'a dépendu peut-être que de moi, d'abolir la royauté en France ? (…)

« (…) Et la révision de la Constitution, n'est-elle pas mon ouvrage ? Et les agitations perpétuelles de la France et de l'Amérique ne me donnent-elles pas le droit de vous obtenir ?[55] »

Cet extrait reflète une nouvelle condamnation de la constitution de septembre 1791, laquelle condamnation ridiculise son fondateur Barnave. Celui-ci a trahi l'année précédente les principes quand, le 3 septembre, il refuse d'insérer le droit mutuel au divorce, impose le suffrage censitaire, le marc d'argent et fait révoquer le 24 septembre les droits des mulâtres. Le député de Grenoble a agi ainsi par amour pour la sœur de Louis XVI, Madame Elisabeth, et celle-ci, sans reconnaissance, l'éconduit du fait de ses origines roturières.

Le 16 décembre 1792, Olympe de Gouges se proposa d'assister Malesherbes dans la défense du roi devant la Convention, mais sa demande fut rejetée avec mépris[24]. Le 18 janvier 1793 elle renonça à toute sa philosophie abolitionniste : en cas de victoire du sursis à l'exécution de Louis XVI qu'elle appelait de ses vœux, tous les membres de la famille royale devaient face à l'ennemi aux frontières, servir d'otages, y compris les deux enfants innocents.

> *« Le fils de Louis est innocent, mais il peut prétendre à la couronne, et je veux lui ôter toute prétention. Je voudrais donc que Louis, que sa femme, ses enfants et toute sa famille fussent enchaînés dans une voiture et conduits au milieu de nos armées, entre le feu de l'ennemi et notre artillerie. Si les brigands couronnés persistent dans leurs crimes, et refusent de reconnaître l'indépendance de la république française, je briguerai l'honneur d'allumer la mèche du canon qui nous délivrera de cette famille homicide et tyrannique[56]. »*

Lors de la rupture entre Robespierre et Pétion en novembre 1792 à la Convention, elle prend parti pour Pétion. À l'automne 1792, chez les Montagnards, en fait c'est surtout Maximilien de Robespierre, Marat et Bourdon de l'Oise qu'elle attaque. En mars 1793, elle prend ses distances avec les Girondins et appelle, au nom de la République, tous les courants politiques de la convention nationale à s'unir :

> *« Montagne, Plaine, Rolandistes, Brissotins, Buzotins, Girondistes, Robespierrots, Maratistes, disparaissez épithètes infâmes ! Disparaissez à jamais et que les noms de législateurs vous remplacent pour le bonheur du peuple, pour la tranquillité sociale et pour le triomphe de la patrie[57]. »*

VI - Égalité des sexes et droits des enfants naturels

Elle considère que les femmes sont capables d'assumer des tâches traditionnellement confiées aux hommes et, dans pratiquement tous ses écrits, elle demande qu'elles fussent associées aux débats politiques et aux débats de société. S'étant adressée à Marie-Antoinette pour protéger «

son sexe » qu'elle dit malheureux, elle rédige et publie en septembre 1791 une *Déclaration des droits de la femme et de la citoyenne*[58], calquée sur la Déclaration des droits de l'homme et du citoyen de 1789, dans laquelle elle affirme l'égalité des droits civils et politiques des deux sexes, insistant pour qu'on rende à la femme, les droits naturels que la force du préjugé lui a retirés. Ainsi, elle écrit : « La femme a le droit de monter sur l'échafaud ; elle doit avoir également celui de monter à la Tribune. » La première, elle obtient que les femmes soient admises dans une cérémonie à caractère national, « la fête de la loi » du 3 juin 1792, puis à la commémoration de la prise de la Bastille le 14 juillet 1792.

Son combat pour les femmes se poursuit dans ses productions théâtrales[59], notamment dans *Le Couvent ou les vœux forcés* (1790). Alors qu'à l'Assemblée constituante les députés débattent de l'utilité des couvents et de la liberté des femmes, elle les écoute attentivement, n'hésitant pas à prendre des notes afin d'emprunter leurs idées et de les transmettre à ses personnages. L'un d'entre eux, l'abbé Gouttes, deviendra d'ailleurs le héros de sa pièce à travers le personnage du curé[60].

Parmi les premiers, elle demande l'instauration du divorce en février 1790, dans une pièce de théâtre, *La Nécessité du divorce*. Elle renouvelle cette demande en septembre 1791 dans les commentaires de sa *Déclaration des droits de la femme et de la citoyenne*. Enfin, cinq mois plus tard, en février 1792, dans l'essai *Le Bon sens du Français*, elle s'exprime à nouveau en ce sens. Elle y reproche aux anciens députés feuillants de n'avoir pas, au nom de leurs principes autoproclamés de liberté et d'égalité, introduit le droit au divorce dans la constitution de 1791. Ce principe est finalement adopté par l'assemblée législative le 20 septembre 1792. Elle demande également la suppression du mariage religieux, et son remplacement par une sorte de contrat civil signé entre concubins et qui prenne en compte les enfants issus de liaisons nées d'une « inclination particulière[24] ». En 1790, elle insère dans une motion au duc d'Orléans un *plaidoyer pour le droit au divorce et un statut équitable pour les enfants naturels* en fait surtout consacré au second point[61]. C'est, à l'époque, véritablement révolutionnaire, de même son engagement en faveur de la libre recherche de la paternité et la reconnaissance d'enfants nés hors mariage. À l'instar du droit au divorce, elle répète ces requêtes dans les annexes de sa *Déclaration des droits de la femme et de la citoyenne*. Elle est aussi une des premières à théoriser, dans ses grandes lignes, le système de protection maternelle et infantile que nous connaissons aujourd'hui et, s'indignant de voir les femmes accoucher dans des hôpitaux ordinaires, elle réclame la création de maternités. Enfin, sensible à la pauvreté endémique, elle prône la création d'ateliers nationaux pour les chômeurs et de foyers pour mendiants[62].

Toutes ces mesures préconisées « à l'entrée du grand hiver » 1788-1789 sont considérées par Olympe de Gouges comme essentielles, ainsi qu'elle le développe en septembre 1793 dans son ultime écrit, *Une patriote persécutée.*

VII - La fin

En 1793, elle s'en prend vivement à ceux qu'elle tient pour responsables des massacres des 2 et 3 septembre 1792 : « Le sang, même des coupables, versé avec cruauté et profusion, souille éternellement les Révolutions ». Elle désigne particulièrement Marat, qu'elle traite d'« avorton de l'humanité »[63], l'un des signataires de la circulaire du 3 septembre 1792 proposant d'étendre les massacres de prisonniers dans toute la France. Soupçonnant Robespierre, selon elle « l'opprobre et l'exécration de la Révolution »[63], d'aspirer à la dictature, elle l'interpelle dans plusieurs écrits, ce qui lui vaut une dénonciation de Bourdon de l'Oise au club des jacobins.

Dans ses écrits du printemps 1793, partageant l'analyse de Vergniaud, elle dénonce les dangers de dictature qui se profilent avec la montée en puissance de la Convention montagnarde et la mise en place d'un Comité de salut public le 6 avril 1793 qui s'arroge le pouvoir d'envoyer les députés en prison. Après la mise en accusation du parti girondin tout entier à la Convention le 2 juin 1793, elle adresse au président de la Convention une lettre où elle s'indigne de cette mesure attentatoire aux principes démocratiques (9 juin 1793), mais ce courrier est censuré en cours de lecture. Ici aussi, elle garde ses distances avec la Gironde en dédicaçant, au nom de l'unité de la Convention, voire de ses convictions idéologiques, son affiche à Danton, qu'elle a ménagé – au contraire des Brissotins – à l'automne 1792 :

« C'est toi Danton que je choisis pour le défenseur des principes que j'ai développés à la hâte et avec abondance de cœur dans cet écrit. Quoique nous différions dans la manière de manifester notre opinion, je ne te rends pas moins la justice qui t'est due, et je suis persuadée que tu me la rends aussi ; j'en appelle à ton profond discernement, à ton grand caractère ; juge-moi. Je ne placarderai pas mon testament ; je n'incendierai pas le peuple de Paris ni les départements ; je l'adresse directement, et avec fermeté, aux jacobins, au département, à la commune, aux sections de Paris, où se trouve la majorité saine des bons citoyens, qui, quels que soient les efforts des méchants, sauvera la chose publique. »

Elle s'accorde bien avec « le défenseur de principes » sur trois mesures qu'il a demandées, parfois avec succès, depuis le mois de mars 1793. Ainsi en est-il de sa proposition de vote demandée pour la libération des prisonniers pour dettes le 9 mars 1793 qui constituait sept ans plus tôt le thème de deux pièces de théâtre d'Olympe de Gouges, *Le mariage inattendu de Chérubin* et *L'homme généreux*. Suit au printemps 1793, la requête de Danton le 5 avril pour l'obtention d'un abaissement du prix du pain pour les pauvres à corriger par une taxe sur les riches, puis, les 27 avril et 8 mai, celle pour un impôt sur les riches. Or, quatre ans plus tôt, dans les *remarques patriotiques* de décembre 1788, Olympe de Gouges préconisait une panoplie d'impôts sur les signes extérieurs de richesse et un impôt volontaire à proportion du salaire. Deux mois après la chute de la Gironde, c'est sous la présidence de Danton (25 juillet - 8 août 1793) que, le 27 juillet, la Convention montagnarde (sur demande de l'abbé Grégoire) supprime le versement de primes aux négriers. La lettre du 1er août 1793, adressée par Olympe de Gouges du fond de sa prison à ce président de la Convention, avait peut-être trait à l'esclavage et à la traite[64]. D'autant que la mesure du 27 juillet 1793 était en réalité une confirmation d'un autre décret dans lequel ce « défenseur des principes » était également impliqué. Le 11 août 1792, l'assemblée législative avait voté une première fois la suppression de ces versements de primes et le futur député de Paris venait la veille d'entrer au Conseil exécutif provisoire comme ministre de la Justice. Les 15 et 16 Pluviôse an II-3 et 4 février 1794 « le défenseur des principes », en clamant fermement la nécessité d'émanciper sans délai tous les Noirs des colonies, rend implicitement hommage au combat abolitionniste d'Olympe de Gouges et à son appel unitaire du 9 juin 1793. Enfin, le 20 septembre 1792, Danton était toujours membre du conseil exécutif provisoire lorsque l'assemblée législative légalisa cet autre principe cher à Olympe de Gouges : le droit des femmes au divorce. Par ailleurs elle admet implicitement le bien-fondé de la création, le 10 mars 1793, du tribunal révolutionnaire. Danton, son fondateur, souligne, par son exclamation « soyons terribles pour dispenser le peuple de l'être », que cette nouvelle institution préviendrait de nouveaux « massacres de septembre » ; des massacres qu'elle a abhorrés. Sophie Mousset[65] relève qu'Olympe de Gouges, toute occupée en juin 1793 à défendre la démocratie politique, ne s'aperçoit pas de la création par les Montagnards du vote le 28 juin 1793 d'« une loi de soutien aux mères célibataires, et accès plein et entier à la citoyenneté des enfants abandonnés » qu'elle a toujours appelée de ses vœux.

D'après Annette Rosa[66], après la chute de la Gironde, les Montagnards cherchent à oublier Olympe de Gouges. Mais, le 20 juillet 1793, elle se met en contravention avec la loi de mars 1793 relative à l'interdiction des écrits remettant en cause le principe républicain. Ainsi, sous le titre de *Les Trois urnes ou le Salut de la patrie, par un voyageur aérien* compose-t-elle une affiche qui demande une élection à trois choix : république une et indivisible, république fédéraliste, retour à la monarchie constitutionnelle[24]. Pour avoir proposé ce troisième choix, elle est arrêtée par les Montagnards le 20 juillet 1793, jour de l'affichage du texte, et déférée le 6 août 1793 devant le tribunal révolutionnaire qui l'inculpe.

Malade des suites d'une blessure infectée reçue à la prison de l'Abbaye et réclamant des soins, elle est envoyée à l'infirmerie de la Petite-Force, rue Pavée, dans le Marais, et partage la cellule d'une condamnée à mort en sursis, Mme de Kolly, qui se prétend enceinte[note 5]. En octobre suivant, elle met ses bijoux en gage au mont-de-piété et obtient son transfert dans la maison de santé Mahay, sorte de prison pour riches où le régime était plus libéral et où elle a, semble-t-il, une liaison avec un des prisonniers. Désirant se justifier des accusations pesant contre elle, elle réclame sa mise en jugement dans deux affiches qu'elle réussit à faire sortir clandestinement de prison et à faire imprimer. Ces affiches – « Olympe de Gouges au Tribunal révolutionnaire » et « Une patriote persécutée », son dernier texte – sont largement diffusées et remarquées par les inspecteurs de police en civil qui les signalent dans leurs rapports.

Traduite au Tribunal au matin du 2 novembre, soit quarante-huit heures après l'exécution de ses amis Girondins, elle est interrogée sommairement. Privée d'avocat, elle se défend avec adresse et intelligence. Condamnée à la peine de mort pour avoir tenté de rétablir un gouvernement autre que « un et indivisible », elle se déclare enceinte. Les médecins consultés se montrent dans l'incapacité de se prononcer, mais Fouquier-Tinville décide qu'il n'y a pas de grossesse[note 6]. Le jugement est exécutoire, et la condamnée profite des quelques instants qui lui restent pour écrire une ultime lettre à son fils, laquelle est interceptée[67]. Selon un inspecteur de police en civil, le citoyen Prévost, présent à l'exécution, et d'après le *Journal* de Perlet ainsi que d'autres témoignages, elle monte sur l'échafaud avec courage et dignité, contrairement à ce qu'en diront au xixe siècle l'auteur des mémoires apocryphes de Sanson et quelques historiens dont Jules Michelet. Elle s'écrie devant la guillotine : « Enfants de la Patrie, vous vengerez ma mort. » Elle a alors 45 ans[68].

Son fils, l'adjudant général Pierre Aubry de Gouges, par crainte d'être inquiété, la renie publiquement dans une « profession de foi civique »[note 7]. Le procureur de la Commune de Paris, Pierre-Gaspard Chaumette évoque :

> « [cette] virago, la femme-homme, l'impudente Olympe de Gouges qui la première institua des sociétés de femmes, abandonna les soins de son ménage, voulut politiquer et commit des crimes... Tous ces êtres

immoraux ont été anéantis sous le fer vengeur des lois. Et vous^{note 8} voudriez les imiter ? Non ! Vous sentirez que vous ne serez vraiment intéressantes et dignes d'estime que lorsque vous serez ce que la nature a voulu que vous fussiez. Nous voulons que les femmes soient respectées, c'est pourquoi nous les forcerons à se respecter elles-mêmes. »

VIII - Postérité

Olympe de Gouges a laissé un fils, Pierre Aubry de Gouges, qui au début de la Révolution vivait en concubinage avec Marie-Hyacinthe Mabille, qu'il épousa après la Terreur et dont il eut au moins deux filles et trois fils. Au début du Consulat, il fut confirmé dans le grade de chef de brigade et chargé par Bonaparte d'un commandement en Guyane française. La famille débarqua à Cayenne en juin 1802, au moment où le gouverneur Victor Hugues rétablissait l'esclavage qu'Olympe de Gouges avait vainement combattu. Pierre Aubry de Gouges expira quelques mois plus tard, le 17 pluviôse an XI (6 février 1803) à Macouria, sans doute de la malaria. Son épouse se remaria avec le citoyen Audibert, originaire de Marseille, et quelques années plus tard, elle dut fuir la Guyane conquise en 1809 par les Portugais, dans un climat de violence. Elle embarqua pour la France sur un navire, l'*Éridan*, qui fut capturé et détourné par un corsaire anglais. Pendant ces événements, Mme Aubry mourut à bord, et son corps fut jeté à la mer. Ses fils retournèrent plus tard en France. Une des petites-filles d'Olympe, Anne-Hyacinthe-Geneviève, épousa un capitaine anglais, William Wood, et sa sœur Charlotte épousa un riche Américain, membre du Congrès de 1820 à 1827, et propriétaire de plantations en Virginie. Les descendants connus d'Olympe de Gouges, aux États-Unis, en Tasmanie et en Australie conservent des portraits de famille et le procès-verbal d'exécution de leur ancêtre.

Aucun article de fond, aucune recherche sérieuse n'a été ainsi consacrée à Olympe de Gouges par la revue de référence de la Société des études robespierristes (AHRF) dont le premier numéro consacré aux femmes est publié en 2006[69]. Cette absence prolongée de repères historiographiques solides a contribué au dédain dont Olympe de Gouges fut et est encore l'objet[70]. Cependant, la méconnaissance de la psychologie du personnage^{note 9} a contribué à susciter des interrogations sur sa santé mentale. Il a par exemple été soutenu qu'elle ne savait pas véritablement lire ni écrire, alors qu'on dispose de quelques-unes de ses lettres écrites à la prison de l'Abbaye, mais certes avec des fautes de style ou d'orthographe. Elle était abonnée à divers journaux et un portrait la représente un livre à la main[71].

L'hostilité à l'égard de femmes engagées comme le fut Olympe de Gouges a souvent été le fait d'autres femmes, ainsi qu'elle le déplorait déjà en son temps. Elle déclare, dans une de ses pièces de théâtre :

« Les femmes n'ont jamais eu de plus grands ennemis qu'elles-mêmes. Rarement on voit les femmes applaudir à une belle action, à l'ouvrage d'une femme[72]. »

Dans le *postambule* de sa *Déclaration des droits de la femme* (septembre 1791), elle émet l'idée que l'infériorité contrainte de la femme l'a amenée à user de ruse et de dissimulation : « Les femmes ont fait plus de mal que de bien. La contrainte et la dissimulation ont été leur partage. Ce que la force leur avait ravi, la ruse le leur a rendu ; elles ont eu recours à toutes les ressources de leurs charmes, et le plus irréprochable ne leur résistait pas. Le poison, le fer, tout leur était soumis ; elles commandaient au crime comme à la vertu. Le gouvernement français, surtout, a dépendu, pendant des siècles, de l'administration nocturne des femmes ; le cabinet n'avait point de secret pour leur indiscrétion ; ambassade, commandement, ministère, présidence, pontificat, cardinalat ; enfin tout ce qui caractérise la sottise des hommes, profane et sacré, tout a été soumis à la cupidité et à l'ambition de ce sexe autrefois méprisable et respecté, et depuis la révolution, respectable et méprisé ». Elle exhortait donc les femmes de son temps à réagir : « Femmes, ne serait-il pas grand temps qu'il se fît aussi parmi nous une révolution ? Les femmes seront-elles toujours isolées les unes des autres, et ne feront-elles jamais corps avec la société, que pour médire de leur sexe et faire pitié à l'autre ? »[73].

IX - Hommages

• *Reconnaissance et célébration*

Marie-Olympe de Gouges sort de l'anecdote de la petite histoire après la fin de la Seconde Guerre mondiale. Étudiée particulièrement aux États-Unis, au Japon et en Allemagne, son indépendance d'esprit et ses écrits font d'elle une des figures de la fin du xviiie siècle[71]. Elle est considérée comme la première féministe française[74].

En France, quelques érudits régionalistes, entre autres, se sont intéressés au personnage (se basant notamment sur la publication en 1912 du tome X du *Répertoire général des sources manuscrites de l'histoire de Paris pendant la Révolution française* d'Alexandre Tuetey qui recense les actes du procès d'Olympe de Gouges, ses lettres[75]), ce qui n'empêche pas des historiens comme Alain Decaux de continuer dans son *Histoire des Françaises* en 1972 à manifester une certaine hostilité à son égard[76]. C'est après la parution (1981) de la biographie d'Olivier Blanc qui a exhumé les sources manuscrites, entre autres notariales, et lors de la préparation du bicentenaire de la Révolution de 1789, que les textes d'Olympe de Gouges ont été joués et édités[71]. De nombreux articles universitaires et notamment ceux de Gabrielle Verdier (États-Unis) et de Gisela Thiele-Knobloch (Allemagne) ont dégagé l'intérêt de l'œuvre dramatique d'Olympe de Gouges qui aborde des thèmes nouveaux comme l'esclavage (*Zamore et Mirza*), le divorce (*Nécessité du divorce*), la prise de voile forcée (*Le Couvent*) et autres sujets sensibles à son époque.

Depuis octobre 1989, à l'initiative de l'historienne Catherine Marand-Fouquet, plusieurs pétitions ont été adressées à la présidence de la République demandant la panthéonisation d'Olympe de Gouges. Jacques Chirac, conseillé par Alain Decaux, n'a pas donné suite. En novembre 1993, Catherine Marand-Fouquet engage une manifestation devant le Panthéon de Paris pour commémorer le bicentenaire de l'exécution d'Olympe de Gouges.

Fin 2013, le nom d'Olympe de Gouges circule parmi les « panthéonisables »[77]. Mais ce sont deux autres femmes Germaine Tillion et Geneviève de Gaulle-Anthonioz qui sont choisies en 2014 pour être inhumées au Panthéon[78].

- *Télévision*

Elle fait partie des figures féminines de la Révolution française traitées dans le cadre de l'émission *Secrets d'histoire*, intitulée *Les femmes de la Révolution* diffusée le 12 juillet 2016 sur France 2[79,80].

Quelque trente ans auparavant, le 16 avril 1985 sur Antenne 2, Benoîte Groult avait dressé le portrait d'Olympe de Gouges dans la rubrique *Au nom des femmes* de l'émission *Aujourd'hui la vie*[81].

- *Odonymie*

De nombreuses municipalités françaises ont rendu hommage à Olympe de Gouges en donnant son nom à des établissements scolaires, des voies publiques, des bâtiments publics, dont la place Olympe-de-Gouges à Paris, le « centre Olympe de Gouges » (maternité et gynécologie) du CHRU de Tours, les « rue Olympe-de-Gouges » à Alfortville, Amiens, Amilly, Asnières-sur-Seine, Belfort, Besançon, Billère, Châlette-sur-Loing, Dijon, Évreux, Gennevilliers, Ivry-sur-

Seine, Les Sables-d'Olonne (anc. rue François Villon de Château-d'Olonne), Libourne, Lille, Massy, Migennes, Nantes, Pithiviers, Prades-le-Lez, Rennes, Reims, Saint-Denis, Saint-Herblain, Sainte-Luce-sur-Loire, Saint-Martin-d'Hères, Saint-Maximin, Sens, Vitry-sur-Seine, les collèges « Olympe de Gouges » à Cadaujac, Montauban, Sainte-Pazanne et Plan-de-Cuques, les médiathèques Olympe-de-Gouges à Joigny et à Strasbourg, pôle d'excellence sur l'égalité de genre, le « théâtre Olympe-de-Gouges » à Montauban, etc. Chaque année à la Fête de l'Humanité, une allée porte son nom.

Le 18 janvier 2016, Christiane Taubira, ministre de la Justice, a baptisé « Olympe de Gouges » le bâtiment des services centraux du ministère de la Justice, situé au 35, rue de la Gare, dans le 19ᵉ arrondissement de Paris. En 1989, Nam June Paik a créé une œuvre intitulée *Olympe de Gouges in La fée électronique*. Cette œuvre, commandée par la municipalité de Paris à l'occasion du bicentenaire de la Révolution française, est aujourd'hui exposée au musée d'Art moderne de la ville de Paris.

Le 19 octobre 2016, un buste d'Olympe de Gouges est installé dans la salle des Quatre-Colonnes du palais Bourbon, siège de l'Assemblée nationale. C'est la première représentation d'une femme politique parmi les œuvres d'art présentées dans l'édifice[82,83].

Le 15 mars 2019, l'Université Bordeaux Montaigne renomme un amphithéâtre à son nom[84].

Notes et références

Notes

1. « Dans une brochure sans date, mais qui ne peut être que de 1786 à 1788, Olympe de Gouges glisse une auto-biographie sous des noms supposés. Cette brochure, qui devait être publiée d'abord sous le nom de *Roman de Madame de Valmont*, paraît avec un nouveau titre : «*Mémoire de Madame de Valmont sur l'ingratitude et la cruauté de la famille de Flaucourt envers la sienne, dont les sieurs de Flaucourt ont reçu tant de services*». Pour l'intelligence du récit, et pour montrer le fond qu'on peut faire des assertions d'Olympe, est d'abord cité le principal passage de ce livre, qui est un roman par lettres où Olympe s'est mise constamment en scène sous le nom de Valmont, et a donné celui de Flaucourt à la famille Le Franc de Caix et de Pompignan. Voici le passage[4], auquel sont ajoutés entre parenthèses les véritables noms[5] »

2.

3. Auto-biographie d'Olympe de Gouges

4.

5. Son grand-père est dit « maître tondeur de draps ».

6. Le manuscrit de cette pièce a été brûlé au lendemain de son exécution, sur ordre de Fouquier-Tinville au président de la section du Pont-Neuf, avec les autres papiers saisis chez elle (« pour ne pas contaminer l'esprit public »).

7. Ce lobby des abolitionnistes est créé, sur le modèle anglais, en 1788 par Brissot, le député girondin, qui d'ailleurs parle élogieusement d'Olympe de Gouges dans ses lettres inédites.

8. Madeleine Kolly est condamnée en mai 1793 avec son mari, le fermier général Pierre Paul, baron de Kolly (1751-3 mai 1793) pour complot contre-révolutionnaire, décapitée le 15 brumaire suivant.

9. Fouquier-Tinville est plus tard condamné à mort pour avoir, entre autres faits, envoyé des femmes enceintes à l'échafaud (acte d'accusation de Fouquier-Tinville en l'an III).

10. Napoléon, éclairé par Fanny de Beauharnais et Mme de Montesson sur cette triste affaire, semble lui avoir tenu rigueur de son attitude en l'envoyant en commandement en Guyane.

11. S'adressant aux républicaines.

12. Elle aimait plaisanter, ainsi qu'on s'en rend compte à la lecture de ses textes et de son aveu même, et souvent telle gasconnade ou provocation de sa part, ainsi les défis en duels qu'elle lance à des hommes, ne sont-ils pas à prendre avec trop de sérieux.

Références

1. « http://hdl.handle.net/11653/arch63 »

2. « Acte de baptême - paroisse Saint-Jacques de Montauban (vue 19/40) » sur *Archives départementales du Tarn-et-Garonne*, 8 mai 1748.

3. **(en)** « Olympe de Gouges | Biography, Importance, Death, & Facts » , sur *Encyclopedia Britannica* (consulté le 5 août 2019).

4. Olympe de Gouges, « Mémoire de Madame de Valmont sur l'ingratitude et la cruauté de la famille de Flaucourt envers la sienne, dont les sieurs de Flaucourt ont reçu tant de services (p. 25-27) » , sur Gallica, 1788

5. Forestié 1900, p. 73-75

6. Académie de Montauban, « Recueil de l'Académie de Montauban : sciences, belles-lettres, arts, encouragement au bien » , sur *Gallica*, 1984.

7. Marc de Jode, Monique Cara et Jean-Marc Cara, *Dictionnaire universel de la Franc-Maçonnerie*, Larousse, 2011, 640 p.

8. Sophie Mousset, *Olympe de Gouges et les droits de la femme*, Éditions du Félin, 2003, p. 25.

9. Nadège Béraud Kauffmann, « Olym ges - les origines » .

10. « Acte de baptême - paroisse Saint-Orens de Villebourbon à Montauban (vue 3/25) » sur *Archives départementales du Tarn-et-Garonne*, 11 février 1714.

11. Carmen Boustani et Edmond Jouve, *Des femmes et de l'écriture : Le bassin méditerranéen*, Paris, Karthala, 2006, p. 175-176.

12. Baptist Cornabas, *Tête-à-tête: 20 portraits croisés de personnages qui ont changé le monde*, Fleurus, 2018

13. Edouard Forestié, *Olympe de Gouges*, Imp. et Lith. Éd. Forestié, 1901, p. 102

14. Edouard Forestié, *Olympe de Gouges*, Imp. et Lith. Éd. Forestié, 1901, p. 22

15. « Acte de mariage - Saint-Jean-Baptiste de Villenouvelle (vue 32/41) » , sur *Archives départementales du Tarn-et-Garonne*, 24 octobre 1765.

16. Edouard Forestié, *Olympe de Gouges*, Imp. et Lith. Éd. Forestié, 1901 , p. 95

17. Léopold Lacour, *Les origines du féminisme contemporain: trois femmes de la Révolution*, Plon-Nourrit, 1900, p. 13

18. Léopold Lacour, *Les origines du féminisme contemporain: trois femmes de la Révolution*, Plon-Nourrit, 1900, p. 14-15

19. Edouard Forestié, *Olympe de Gouges*, Imp. et Lith. Éd. Forestié, 1901, p. 24.

20. Edouard Forestié, *Olympe de Gouges (1748-1793)*, Imp. et Lith. Éd. Forestié, 1901, p. 27

21. Paul Noack, *Olympe de Gouges, 1748-1793 : Courtisane et militante des droits de la femme*, Éditions de Fallois, 1993, p. 31.

22. Edouard Forestié, *Olympe de Gouges (1748-1793)*, Imp. et Lith. Éd. Forestié, 1901, p. 29

23. Benoîte Groult, *Ainsi soit Olympe de Gouges*, Grasset, 2013

24. Olivier Blanc, « Celle qui voulut politiquer », *Le Monde diplomatique*, novembre 2008.

25. Carmen Boustani Carmen, Edmond Jouve, *Des femmes et de l'écriture*, KARTHALA Editions, 2006, p. 176

26. « Olympe de Gouges », *Annales historiques de la Révolution française*, nos 247-250, 1982

27. Edouard Forestié, *Olympe de Gouges (1748-1793)*, Imp. et Lith. Éd. Forestié, 1901, p. 30

28. Simon Guibert, *Olympe de Gouges, la révolte d'une femme*, E-dite, 2006, p. 59.

29. *Dix siècles de vie littéraire en Tarn & Garonne*, Bibliothèque centrale de prêt, 1988, p. 121

30. Emmanuel Melmoux, David Mitzinmacker, *00 personnages qui ont fait l'histoire de France*, Editions Bréal, 2004, p. 146

31. Laureen Bouyssou, *Portraits de militants*, Fleurus, 2021

32. Sophie Lucet, « Olympe de Gouges et la scène, ou le « devenir théâtre » d'Olympe de Gouges (imaginaires théâtraux xix-xxi) », *La Révolution française, cahiers de l'Instut d'histoire de la Révolution Française*, 2021

33. Simone Bernard-Griffiths, Jean Sgard, *Mélodrames et romans noirs: 1750-1890*, Presses Univ. du Mirail, 2000, p. 68-69

34. Olivier Blanc, *Marie-Olympe de Gouges, une humaniste à la fin du xviiiᵉ siècle, op. cit.*, p. 204 et 218.

35. Olympe de Gouges, *L'Esclavage des Nègres* : version inédite du 28 décembre 1789 suivi de *Réflexions sur les hommes nègres*, février 1788, étude et présentation de Sylvie Chalaye et Jacqueline Razgonnikoff, Paris, L'Harmattan, coll. Autrement Même, 2006.

36. Olympe de Gouges, *L'esclavage des noirs ou L'heureux naufrage*, Côté-femmes éditions, 1989, p. 15.

37. *Réponse au Champion américain, ou Colon très aisé à connaître*, Paris, 18 janvier 1790.

38. Jean-Daniel Piquet, *L'émancipation des Noirs dans la Révolution française 1789-1795)* Paris, Karthala, 2002, p. 136.

39. Olivier Blanc, *Marie-Olympe de Gouges, une humaniste à la fin du xviiiᵉ siècle, op. cit.*, p. 91.

40. Marcel Dorigny, Bernard Gainot, *La Société des Amis des Noirs 1788-1999 contribution à l'histoire de l'abolition de l'esclavage*, Paris, UNESCO, 1998, p. 265 & 283.

41. *Départ de M. Necker et de Mme de Gouges, adieux aux Français* dans Benoîte Groult, *Ainsi soit Olympe de Gouges. La déclaration des droits de la femme et autres textes politiques*, Paris, Bernard Grasset, 2013, p. 150 ; Olympe de Gouges *Ecrits politiques* tome I, présentés par Olivier Blanc, p. 149 ; les éditions en 1986 et 2013 par Benoîte Groult ont coupé de plusieurs pages l'opuscule publié en 1993 par Olivier Blanc.

42. Jean-Daniel Piquet, *L'Émancipation des Noirs...* p. 137 ; Benoîte Groult, *Ainsi soit...*, p. 174-175 ; "forme du contrat social de l'homme et de la femme" (p. 171-176).

43. Benoîte Groult, *Ainsi soit...*, p. 175. Jean-Daniel Piquet, L'Émancipation des Noirs,... , p. 137.

44. Benoîte Groult, *Ainsi soit...*, p. 174.

45. Jean-Daniel Piquet, *L'Émancipation des Noirs dans la pensée et le processus révolutionnaire français (1789-1795)*, doctorat nouveau régime soutenu en octobre 1998 à Paris VIII-Saint-Denis ; *L'Émancipation des Noirs dans la Révolution…* p. 139.

46. Eleni Varikas, *op. cit.*.

47. Olivier Blanc, *Marie-Olympe de Gouges, une humaniste à la fin du xviii° siècle, op. cit.*.

48. Olympe de Gouges « Lettre au peuple, ou Projet d'une caisse patriotique ; par une citoyenne » 1788, i + 31 p.

49. Olympe de Gouges « Remarques Patriotiques, par la Citoyenne, Auteur de la Lettre au Peuple » 48 p.

50. Jacques Hillairet, Dictionnaire historique des rues de Paris, Éditions de Minuit, septième édition, 1963, t. 1 (« A-K »), « Rue du Buis », p. 253-254.

51. Olivier Blanc, *Marie-Olympe de Gouges, une humaniste à la fin du xviii° siècle, op. cit.*, p. 149-150.

52. Olympe de Gouges, *Grande éclipse du soleil jacobiniste et de la lune feuillantine pour la fin d'avril ou le courant du mois de mai ; par la liberté l'an IV de son nom, dédiée à la terre.*

53. *L'esprit français ou problème à résoudre sur le labyrinthe des divers complots, adressé à l'assemblée législative le 22 mars 1792*, BNF, Gallica, p. 6.

54. Olympe de Gouges, *Le bon sens français ou l'apologie des vrais nobles, dédié aux jacobins*, 15 avril 1792.

55. Olympe de Gouges, *Œuvres présentées par Benoîte Groult*, Paris, Mercure de France 1986, p. 162-163.

56. *Arrêt de mort que présente Olympe de Gouges contre Louis Capet*, Paris, 18 janvier 1793.

57. Olympe de Gouges, *Avis pressant à la Convention, par une vraie républicaine*, Paris, 20 mars 1793. Olivier Blanc, *Marie - Olympe De Gouges, une humaniste à la fin du xviii° siècle*, p. 194.

58. « 1791 : Déclaration des droits de la femme et de la citoyenne », sur *ldh-france.org* (consulté le 21 juin 2022)

59. « Les femmes de la liberté », sur *liberation.fr* (consulté le 23 août 2019).

60. Audrey Viguier, « L'abbé Gouttes et le curé du Couvent ou les vœux forcés d'Olympe de Gouges (1790) », *The French Review*, n° 85.6, 2012, p. 92-101.

61. Benoîte Groult, *Ainsi soit…*, p. 177-178.

62. *Projet d'un second théâtre et d'une maternité*, 1789 dans Benoîte Groult, *Ainsi soit…*, p. 118-126.

63. ↑Emma Demeester, « Olympe de Gouges, une victime de la Révolution », *La Nouvelle Revue d'histoire*, n° 72, mai-juin 2014, p. 15-17.

64. Catel et Bocquet, *Olympe de Gouges*, Casterman, Écritures p. 383.

65. Sophie Mousset, *Olympe de Gouges et les droits de la femme*, Paris, Éditions du Félin-Kiron, Pocket, p. 114.

66. Annette Rosa, *Citoyennes. Les femmes et la Révolution française*, Paris, Messidor, 1989, p. 103.

67. Olivier Blanc, *La Dernière Lettre, prisons et condamnés de la Révolution*, Paris, R. Laffont, 1985.

68. Nicole Pellegrin, « Les disparues de l'histoire », *Le Monde diplomatique*, 1er novembre 2008 (consulté le 1er novembre 2008).

69. Sous la direction de Christine Fauré et Raymonde Monnier, *AHRF*, n° 344, avril-juin 2006. Elle y est quand même évoquée dans la contribution d'Olivier Blanc, « Cercles politiques et "salons" du début de la Révolution (1789-1793) », p. 63-92. Toutefois Florence Gauthier et Jean-Daniel Piquet qui ont reconnu le rôle d'Olympe de Gouges (voir reconnaissance et célébrations) sont membres de la Société des études robespierristes et collaborent aux AHRF. Florence Gauthier a republié les œuvres complètes de Robespierre en y ajoutant des inédits.

70. Voir Monselet, *Les Oubliés et les dédaignés. Figures littéraires de la fin du xviiiᵉ siècle*, Paris, Poulet-Malassis et De Broise, 1846.

71. Documentaire de Séverine Liatard et Séverine Cassar, « Olympe de Gouges, une femme du xxiᵉ siècle », émission *La Fabrique de l'histoire* sur France Culture, 17 septembre 2013.

72. Mirabeau aux Champs-Élysées, préface.

73. *Lettre au Roi, lettre à la reine*, Paris, 1792, p. 8.

74. « VIDÉO. Olympe de Gouges, première féministe de France et… de Google ! », *Le Point*, 7 mai 2014.

75. Olivier Blanc, *op. cit.*, p. 250.

76. Olivier Blanc, *op. cit.*, p. 45.

77. Martin Malvy, « Olympe de Gouges au Panthéon », *Libération.fr*, 30 septembre 2013.

78. « Deux femmes et deux hommes au Panthéon », *Le Monde.fr*, 19 février 2014 (lire en ligne.

79. « Secrets d'Histoire : Le portrait d'Olympe de Gouges », sur *france.tv*, 12 juillet 2016.

80. « Les femmes de la Révolution à l'honneur dans « Secrets d'Histoire » sur France 2 », *La Depeche du Midi*, 12 juillet 2016

81. « Portrait d'Olympe de Gouges par Benoîte Groult » sur *INA*, 16 avril 1985.

82. « Olympe de Gouges entre enfin à l'Assemblée », *lesnouvellesnews.fr*, 19 octobre 2016, consulté le 17 novembre 2016).

83. *Le Figaro; 20 octobre 2016,*

84. « Relevé de délibérations du conseil d'administration » sur *Université Bordeaux Montaigne,* 15 mars 2019 (consulté le 18 mars 2019).

85. Voir sur *litteratureaudio.com* .

86. Testament politique, Olympe de Gouges, Audiocite.net (enregistrement sonore).

87. Voir sur *la-brochure.over-blog.com* .

88. Isabelle Brouard-Arends, « Olivier Blanc, Marie-Olympe de Gouges. Une humaniste à la fin du xviiiᵉ siècle, Cahors, Éditions René Viénet, 2003, 272 p. », *Clio. Femmes, Genre, Histoire,* 1ᵉʳ novembre 2005, p. 303–304, consulté le 9 octobre 2016).

89. Le portrait de couverture représente la comtesse Skavronskia, par Élisabeth Vigée Le Brun.

90. Le portrait de couverture, miniature par Mᵐᵉ Doucet de Suriny exposée au Salon de l'an IV, représente Julie Candeille.

91. Spectacle disponible sur ce site .

92. le site du théâtre .

93. M. Natali, « Olympe de Gouges » sur *BD Gest',* 5 avril 2012.

94. Gilles Médioni, « Olympe de Gouges, *L'Express,* 16 avril 2012.

fiche révisions bac :

que retenir de ce texte et de son auteure ?

Sur Olympe de Gouges

- Olympe de Gouges (1748-1793) est une femme de lettres, auteure de pièces de théâtre ; influencée par la *philosophie des Lumières*.

- Contrairement à une idée reçue ; *les femmes ont joué un rôle important au début de la Révolution* ; entre 1789 et 1792 ; et certaines d'entre elles en furent des figures intellectuelles influentes (Pauline Léon, Claire Lacombe, Marie Adrian, Théroigne de Méricourt, Manon Roland, Lucile Desmoulins, Suzanne Curchod ; Etta Palm d'Aelders, etc.)

- Olympe de Gouges promeut une *vision égalitariste* des droits entre hommes et femmes

- Elle est influencée par une déclaration du philosophe des Lumière Condorcet ; parue un an auparavant : « *Sur l'admission des femmes au droit de cité* » *(1790)*. Concorcet veut convaincre de la nécessité pour les femmes d'exercer leurs droits politiques. Pour lui, l'inégalité de droits entre homme et femmes n'est pas naturelle mais résulte de l' éducation et du contexte ; c'est une construction sociale. Cette idée est reprise par Olympe de Gouges.

- Elle réclame *l'égalité politique des femmes et des hommes* dans une Déclaration des droits de la femme et de la citoyenne (DDFC) qu'elle adresse à la reine, Marie-Antoinette (reine de France de 1774 à 1792).

- Alors que la Révolution se radicalise sous la Terreur (1793-1794) ; période caractérisée par la violence répression des révolutionnaires contre les « ennemis de la République ; qu'ils soient aux frontières du pays ou à l'intérieur (guerre de Vendée, insurrections royalistes ; favorables au maintien d'une monarchie parlementaire...), Olympe de Gouges est jugée suspecte car trop modérée. Elle meurt guillotinée en 1793.

- Cette Déclaration n'eut aucun écho immédiat. Il faut attendre 1840 pour que quelques extraits en soient publiés. L'intégralité de la publication du texte ne l'a été qu'en 1986.

Sur la Déclaration

Ce texte :

1. **se veut fondamental**, puisqu'il prétend fixer des droits dits « naturels », c'est-à-dire des droits que possède tout être humain dès sa naissance (comme la liberté, ou la propriété).
2. Ajoute une **perspectivedegenr e** aux idéaux révolutionnaires.
3. Ajoute une **dimension pamphlétaire** aux idéaux révolutionnaires ; en critiquant l'habitude des hommes à vouloir encadrer la liberté des femmes car rien dans la nature ne le justifie ; ni chez les animaux, ni dans le monde végétal.
4. **Promeut l'égalité des femmes et des hommes.** La domination, masculine est en définitive artificielle ; elle ne découle pas de la nature, elle est culturelle.
5. se soucie de **la mise en œuvre effective des droits** pour tous et toutes. Si les hommes tiennent à l'écart les femmes de la sphère publique ; ils ne peuvent nier que ces dernières ont des droits et des devoirs puisqu'elles aussi peuvent monter sur l'échafaud et être condamnées. Si elles ont le droit d'être condamnées, alors elles ont le droit de participer à l'élaboration des lois que l'on utilise pour les condamner.
6. Veut que la femme puisse voter et être élue, avoir le droit, comme le dit l'article X, de « monter à la Tribune ». Il réclame **lesuf frageuni verselin cluantlesfemmes** .

SUR L'ADMISSION DES FEMMES AU

DROIT DE CITÉ (1790)

Condorcet (1743-1794) est député à la Convention pendant la Révolution. Il se bat pour l'égalité et l'universalité, la diffusion des Lumières et la liberté de l'individu. « Le but de l'instruction n'est pas de faire admirer aux hommes une législation toute faite, mais de les rendre capables de l'apprécier et de la corriger. »

Plus homme de science et philosophe qu'écrivain, Condorcet fait paraître un feuillet hebdomadaire, à partir de 1790, avec le jésuite Cerutti, *La Feuille villageoise*, pour propager largement les idées révolutionnaires auprès du monde paysan. Élu à la Législative, il approfondit en pratique ses théories politiques, rassemblées à la fin de sa vie dans l'*Esquisse d'un tableau historique des progrès de l'esprit humain*. Cet ouvrage éclaire la notion de « perfectibilité indéfinie de l'esprit humain ». L'*Esquisse* de Condorcet est la formulation d'une « idéologie du progrès ». Il influence les œuvres de Saint-Simon et d'Auguste Comte. Il est « l'intellectuel » de la Révolution française. Il demande l'abolition de la peine de mort, l'égalité entre les hommes et les femmes, le droit de vote pour tous, y compris pour les femmes, l'abolition de l'esclavagisme, la liberté de pratique des religions et la suppression des privilèges.

Le philosophe s'immortalise surtout par son *Rapport sur l'organisation générale de l'Instruction Publique*. Mis en disgrâce par la Convention nationale qui vote sa condamnation à mort, abandonné de tous, proscrit, Condorcet est trouvé mort dans sa cellule en 1793 peu après son incarcération. Son épouse, Sophie de Grouchy contribuera à la valorisation de son œuvre qui reste toujours d'actualité. En 1989, il entre au Panthéon.

L'habitude peut familiariser les hommes avec la violation de leurs droits naturels, au point que parmi ceux qui les ont perdus personne ne songe à les réclamer, ne croie avoir éprouvé une injustice.

Il est même quelques-unes de ces violations qui ont échappé aux philosophes et aux législateurs, lorsqu'ils s'occupaient avec le plus de zèle d'établir les droits communs des individus de l'espèce humaine, et d'en faire le fondement unique des institutions politiques.

Par exemple, tous n'ont-ils pas violé le principe de l'égalité des droits, en privant tranquillement la moitié du genre humain de celui de concourir à la formation des lois, en excluant les femmes du droit de cité ? Est-il une plus forte preuve du pouvoir de l'habitude, même sur les hommes éclairés, que de voir invoquer le principe de l'égalité des droits en faveur de trois ou quatre cents hommes qu'un préjugé absurde en avait privés, et l'oublier à l'égard de douze millions de femmes ?

Pour que cette exclusion ne fût pas un acte de tyrannie, il faudrait ou prouver que les droits naturels des femmes ne sont pas absolument les mêmes que ceux des hommes, ou montrer qu'elles ne sont pas capables de les exercer.

Or, les droits des hommes résultent uniquement de ce qu'ils sont des êtres sensibles, susceptibles d'acquérir des idées morales, et de raisonner sur ces idées ; ainsi les femmes ayant ces mêmes qualités, ont nécessairement des droits égaux. Ou aucun individu de l'espèce humaine n'a de véritables droits, ou tous ont les mêmes ; et celui qui vote contre le droit d'un autre, quels que soient sa religion, sa couleur ou son sexe, a dès lors abjuré les siens.

Il serait difficile de prouver que les femmes sont incapables d'exercer les droits de cité. Pourquoi des êtres exposés à des grossesses, et à des indispositions passagères, ne pourraient-ils exercer des droits dont on n'a jamais imaginé de priver les gens qui ont la goutte tous les hivers, et qui s'enrhument aisément. En admettant dans les hommes une supériorité d'esprit qui ne soit pas la suite nécessaire de la différence d'éducation (ce qui n'est rien moins que prouvé, et ce qui devrait l'être, pour pouvoir, sans injustice, priver les femmes d'un droit naturel), cette supériorité ne peut consister qu'en deux points. On dit qu'aucune femme n'a fait de découverte importante dans les sciences, n'a donné de preuves de génie dans les arts, dans les lettres, etc. ; mais sans doute, on ne prétendra point n'accorder le droit de cité qu'aux seuls hommes de génie. On ajoute qu'aucune femme n'a la même étendue de connaissances, la même force de raison que certains hommes ; mais qu'en résulte-t-il, qu'excepté une classe peu nombreuse d'hommes très-éclairés, l'égalité est entière entre les femmes et le reste des hommes ; que cette petite classe, mise à part, l'infériorité et la supériorité se partagent également entre les deux sexes. Or puisqu'il serait complètement absurde de borner à cette classe supérieure le droit de cité, et la capacité d'être chargé des fonctions publiques, pourquoi en exclurait-on les femmes, plutôt que ceux des hommes qui sont inférieurs à un grand nombre de femmes ?

Enfin, dira-t-on qu'il y ait dans l'esprit ou dans le cœur des femmes quelques qualités qui doivent les exclure de la jouissance de leurs droits naturels ?

Interrogeons d'abord les faits. Élisabeth d'Angleterre, Marie Thérèse, les deux Catherine de Russie, ont prouvé que ce n'était ni la force d'âme, ni le courage d'esprit qui manquaient aux femmes.

Élisabeth avait toutes les petitesses des femmes ; ont-elles fait plus de tort à son règne que les petitesses des hommes à celui de son père ou de son successeur. Les amans de quelques impératrices ont-ils exercé une influence plus dangereuse que celle des maîtresses de Louis XIV, de Louis XV, ou même de Henri IV ?

Croit-on que Mistriss Macaulai n'eût pas mieux opiné dans la chambre des communes que beaucoup de représentants de la nation britannique ? N'aurait-elle pas, en traitant la question de la liberté de conscience, montré des principes plus élevés que ceux de Pitt, et une raison plus forte ? Quoique aussi enthousiaste de la liberté que M. Burke peut l'être de la tyrannie, aurait-elle, en défendant la constitution française, approché de l'absurde et dégoûtant galimatias par lequel ce célèbre rhétoricien vient de le combattre ? Les droits des citoyens n'auraient-ils pas été mieux défendus en France aux États de 1614 par la fille adoptive de Montaigne que par le conseiller Courtin, qui croyait aux sortilèges et aux vertus occultes ? La princesse des Ursins ne valait-elle pas un peu mieux que Chamillard ? Croit-on que la marquise du Châtelet n'eût pas fait une dépêche aussi bien que M. Rouillé ? Madame de Lambert aurait-elle fait des lois aussi absurdes et aussi barbares que celles du garde des sceaux d'Armenonville contre les protestants, les voleurs domestiques, les contrebandiers et les nègres ? En jetant les yeux sur la liste de ceux qui les ont gouvernés, les hommes n'ont pas le droit d'être si fiers.

Les femmes sont supérieures aux hommes dans les vertus douces et domestiques ; elles savent, comme les hommes, aimer la liberté, quoiqu'elles n'en partagent point tous les avantages ; et dans les républiques, on les a vues souvent se sacrifier pour elle ; elles ont montré les vertus de citoyen toutes les fois que le hasard ou les troubles civils les ont amenées sur une scène dont l'orgueil et la tyrannie des hommes les ont écartées chez tous les peuples.

On a dit que les femmes, malgré beaucoup d'esprit, de sagacité, et la faculté de raisonner portée au même degré que de subtils dialecticiens, n'étaient jamais conduites par ce qu'on appelle la raison.

Cette observation est fausse : elles ne sont pas conduites, il est vrai, par la raison des hommes, mais elles le sont par la leur. Leurs intérêts n'étant pas les mêmes par la faute des lois, les mêmes choses n'ayant point pour elles la même importance que pour nous, elles peuvent, sans manquer à la raison, se déterminer par d'autres principes et tendre à un but différent. Il est aussi raisonnable à une femme de s'occuper des agréments de sa figure, qu'il l'était à Démosthène de soigner sa voix et ses gestes. On a dit que les femmes, quoique meilleures que les hommes, plus douces, plus sensibles, moins sujettes aux vices qui tiennent à l'égoïsme et à la dureté du cœur, n'avoient pas proprement le sentiment de la justice, qu'elles obéissaient plutôt à leur sentiment qu'à leur conscience. Cette observation est plus vraie, mais elle ne prouve rien : ce n'est pas la nature, c'est l'éducation, c'est l'existence sociale qui cause cette différence. Ni l'une ni l'autre n'ont accoutumé les femmes à l'idée de ce qui est juste, mais à celle de ce qui est honnête. Éloignées des affaires, de tout ce qui se décide d'après la justice rigoureuse, d'après des lois positives, les choses dont elles s'occupent, sur lesquelles elles agissent, sont précisément celles qui se règlent par l'honnêteté naturelle et par le sentiment. Il est donc injuste d'alléguer, pour continuer de refuser aux femmes la jouissance de leurs droits naturels, des motifs qui n'ont une sorte de réalité que parce qu'elles ne jouissent pas de ces droits.

Si on admettait contre les femmes des raisons semblables, il faudrait aussi priver du droit de cité la partie du peuple qui, vouée à des travaux sans relâche, ne peut ni acquérir des lumières ni exercer sa raison, et bientôt de proche en proche on ne permettrait d'être citoyens qu'aux hommes qui ont fait un cours de droit public. Si on admet de tels principes, il faut, par une conséquence nécessaire, renoncer à toute constitution libre. Les diverses aristocraties n'ont eu que de semblables prétextes pour fondement ou pour excuse ; l'étymologie même de ce mot en est la preuve. On ne peut alléguer la dépendance où les femmes sont de leurs maris, puisqu'il serait possible de détruire en même temps cette tyrannie de la loi civile, et que jamais une injustice ne peut être un motif légitime d'en commettre une autre.

Il ne reste donc que deux objections à discuter. A la vérité, elles n'opposent à l'admission des femmes au droit de cité que des motifs d'utilité, motifs qui ne peuvent contrebalancer un véritable droit. La maxime contraire a été trop souvent le prétexte et l'excuse des tyrans ; c'est au nom de l'utilité que le commerce et l'industrie gémissent dans les chaînes, et que l'Africain reste dévoué à l'esclavage ; c'est au nom de l'utilité publique qu'on remplissait la bastille ; qu'on instituait des censeurs de livres, qu'on tenait la procédure secrète, qu'on donnait la question. Cependant nous discuterons ces objections, pour ne rien laisser sans réponse.

On aurait a craindre, dit-on, l'influence des femmes sur les hommes.

Nous répondrons d'abord que cette influence, comme toute autre, est bien plus à redouter dans le secret que dans une discussion publique ; que celle qui peut être particulière aux femmes y perdrait d'autant plus, que, si elle s'étend au-delà d'un seul individu, elle ne peut être durable dès qu'elle est connue. D'ailleurs comme jusqu'ici les femmes n'ont été admises dans aucun pays à une égalité absolue, comme leur empire n'en a pas moins existé par-tout, et que plus les femmes ont été avilies par les lois plus il a été dangereux, il ne paraît pas qu'on doive avoir beaucoup de confiance à ce remède. N'est-il pas vraisemblable au contraire que cet empire diminuerait si les femmes avoient moins d'intérêt à le conserver, s'il cessait d'être pour elle le seul moyen de se défendre et d'échapper à l'oppression.

Si la politesse ne permet pas à la plupart des hommes de soutenir leur opinion contre une femme dans la société, cette politesse tient beaucoup à l'orgueil ; on cède une victoire sans conséquence ; la défaite n'humilie point parce qu'on la regarde comme volontaire. Croit-on sérieusement qu'il en fût de même dans une discussion publique sur un objet important ? La politesse empêche-t-elle de plaider contre une femme ?

Mais, dira-t-on, ce changement serait contraire à l'utilité générale, parce qu'il écarterait les femmes des soins que la nature semble leur avoir réservés ?

Cette objection ne me parait pas bien fondée. Quelque constitution que l'on établisse, il est certain que dans l'état actuel de la civilisation des nations européennes, il n'y aura jamais qu'un très-petit nombre de citoyens qui puissent s'occuper des affaires publiques. On n'arracherait pas les femmes à leur ménage plus que l'on n'arrache les laboureurs à leurs charrues, les artisans à leurs ateliers. Dans les classes plus riches nous ne voyons nulle part les femmes se livrer aux soins domestiques d'une manière assez continue pour craindre de les en distraire, et une occupation sérieuse les en détournerait beaucoup moins que les goûts futiles auxquels l'oisiveté et la mauvaise éducation les condamnent. La cause principale de cette crainte est l'idée que tout homme admis à jouir des droits de cité ne pense plus qu'à gouverner ; ce qui peut être vrai jusqu'à un certain point dans le moment où une constitution s'établit, mais ce mouvement ne saurait être durable. Ainsi il ne faut pas croire que parce que les femmes pourraient être membres des assemblées nationales elles abandonneraient sur-le-champ leurs enfants, leur ménage, leur aiguille. Elles n'en seraient que plus propres à élever leurs enfants, à former des hommes. Ils est naturel que la femme allaite ses enfants, qu'elle soigne leurs premières années ; attachée à sa maison par ces soins, plus faible que l'homme il est naturel encore qu'elle mène une vie plus retirée, plus domestique. Les femmes seraient donc dans la même classe que les hommes, obligés par leur état à des soins de quelques heures. Ce peut être un motif de ne pas les préférer dans les élections, mais ce ne peut être le fondement d'une exclusion légale. La galanterie perdrait à ce changement, mais les mœurs domestiques gagneraient par cette égalité comme par toute autre.

Jusqu'ici, tous les peuples connus ont eu des mœurs ou féroces ou corrompues. Je ne connais d'exception qu'en faveur des Américains des États-Unis qui sont répandus en petit nombre sur un grand territoire. Jusqu'ici, chez tous les peuples, l'inégalité légale a existé entre les hommes et les femmes ; et il ne serait pas difficile de prouver que dans ces deux phénomènes, également généraux, le second est une des principales causes du premier ; car l'inégalité introduit nécessairement la corruption, et en est la source la plus commune, si même elle n'est pas la seule.

Je demande maintenant qu'on daigne réfuter ces raisons autrement que par des plaisanteries et des déclamations ; que surtout on me montre entre les hommes et les femmes, une différence naturelle qui puisse légitimement fonder l'exclusion d'un droit.

L'égalité des droits établie entre les hommes, dans notre nouvelle constitution, nous a valu d'éloquentes déclamations et d'intarissables plaisanteries ; mais, jusqu'ici, personne n'a encore pu y opposer une seule raison, et ce n'est sûrement ni faute de talent, ni faute de zèle. J'ose croire qu'il en sera de même de l'égalité des droits entre les deux sexes.

Il est assez singulier que dans un grand nombre de pays on ait cru les femmes incapables de toute fonction publique, et dignes de la royauté ; qu'en France une femme ait pu être régente, et que jusqu'en 1776 elle ne pût être marchande de modes à Paris[1] ; qu'enfin, dans les assemblées électives de nos bailliages, on ait accordé au droit du fief, ce qu'on refusait au droit de la nature. Plusieurs de nos députés nobles doivent à des dames, l'honneur de siéger parmi les représentants de la nation. Pourquoi, au lieu d'ôter ce droit aux femmes propriétaires de fiefs, ne pas l'étendre à toutes celles qui ont des propriétés qui sont chefs de maison ? Pourquoi, si l'on trouve absurde d'exercer, par procureur, le droit de cité, enlever ce droit aux femmes, plutôt que de leur laisser la liberté de l'exercer en personne ?

1. Avant la suppression des jurandes en 1776, les femmes ne pouvaient acquérir la maîtrise de marchandes de modes et de quelques autres des professions qu'elles exercent, si elles n'étaient mariées, ou si un homme ne leur prêtait ou ne leur vendait son nom, pour acquérir un privilège. Voyez le préambule de l'édit de 1776.

Bibliographie

sur la Déclaration des droits de la femme et de la citoyenne :

- *Les Droits de la femme*, 1791 (*Gallica : http://gallica.bnf.fr/ark:/12148/bpt6k426138/f5*)
- Emanuèle Gaulier (dir.), *Déclaration des droits de la femme et de la citoyenne*, Paris, Mille et une nuits, 2003.

- Uwe Dethloff, « Le Féminisme dans la Révolution française : Condorcet et Olympe de Gouges », Éd. Gérard Beauprêtre, *Révolution et littérature : La Révolution française dans les littératures allemande, française et polonaise*, Varsovie, Univ. de Varsovie, 1992, p. 63-72.

- Madelyn Gutwirth, « The Rights and Wrongs of Woman: The Defeat of Feminist Rhetoric by Revolutionary Allegory », Sylvain Auroux, Dominique Bourel, Charles Porset, *L'Encyclopédie, Diderot, l'esthétique : Mélanges en hommage à Jacques Chouillet (1915-1990)*, Paris, PUF, 1991, p. 50-68.

- Léopold Lacour, « Les Origines du féminisme contemporain : trois femmes de la Révolution, Olympe de Gouges, Théroigne de Méricourt, Rose Lacombe », Éd. Lawrence Klejman, Marie-France Brive, *Les Femmes et la Révolution française : L'Effet 89*, Toulouse, PU du Mirail , 1991, p. 215-20.

- Irène Pagès, « Flouée par la Révolution », *Simone de Beauvoir Studies*, n° 9, 1992, p. 5-9.

- Paule Pénigault-Duhet, « Droits de l'homme et féminisme à la fin du xviiie siècle », *Bulletin de la Société d'études anglo-américaines des xviie et xviiie siècles*, n° 11, 1980, p. 95-103.

- Pauline Léon : *Adresse individuelle à l'Assemblée nationale par des citoyennes de la capitale, le 6 mars 1792*, imprimée par ordre de l'Assemblée nationale, Paris, Imprimerie nationale, 1792, in-8, 4 pages.

- Pauline Léon : « Précis de la conduite révolutionnaire d'Anne Pauline Léon, femme Leclerc », rédigé le 4 juillet 1794 au Luxembourg et adressé au Comité de sûreté générale, Archives nationales, Paris, F7 4774/9 dossier Leclerc.

- Samia Spencer, « Une remarquable visionnaire : Olympe de Gouges », *Enlightenment Essays*, 1978, n° 9, p. 77-91

- Olympe de Gouges, *« Femme, réveille-toi ! » Déclaration des droits de la femme et de la citoyenne*, éd. Martine Reid, Gallimard, Collection Folio, 2004, 99 p.

sur Olympe de Gouges :

- Daniel Bensaïd, *Moi la Révolution*, Paris, Gallimard, 1989.
- Olivier Blanc, *Olympe de Gouges*, Paris, Éditions Syros, 1981.
- Olivier Blanc, « Olympe de Gouges : une femme de libertés » : coédition Syros et Alternatives, Paris, 1989, 236 p. + 8 p. de planches illustrées.

- Olivier Blanc, *Marie-Olympe de Gouges : une humaniste à la fin du xviiiᵉ siècle*, Cahors, Éditions René Viénet, 2003. Comprend une liste complète des écrits publiés par Olympe de Gouges de 1786 à 1793, nombreux manuscrits inédits, bibliographie critique, index, cahier d'illustrations de huit pages en noir et en couleur.

- Olivier Blanc, « Une humaniste au xviiiᵉ siècle : Olympe de Gouges », dans *1789-1799 : combats de femmes. Les révolutionnaires excluent les citoyennes*, Évelyne Morin-Rotureau (dir), Paris, Éditions Autrement, 2003, p. 14-34.

- Olivier Blanc, *Marie-Olympe de Gouges : 1748-1793 des droits de la femme à la guillotine*, Paris, Tallandier, 2014.

- Catel & Bocquet, *Olympe de Gouges*, Bruxelles et Paris, Casterman, 2012.

- Marie-Paule Duhet, *Les femmes et la Révolution 1789-1794*, Paris, Gallimard, coll Archives, 1971.

- Michel Faucheux, *Olympe de Gouges*, Paris, Gallimard, 2018, 275 p.

- Léopold Lacour, *Trois femmes de la Révolution : Olympe de Gouges, Théroigne de Méricourt, Rose Lacombe*, Paris, Plon, Nourrit et Cie, 1900, 432 p. (sur Gallica : https://gallica.bnf.fr/ark:/12148/bpt6k8630585q)

- Édouard Forestié, *Recueil de l'Académie des sciences, belles-lettres et arts de Tarn-et-Garonne : Olympe de Gouges*, t. XVI, Montauban, Imprimerie Forestié, 1900, p. 69-112 (sur *Gallica* : https://gallica.bnf.fr/ark:/12148/bpt6k5752655q)

- Édouard Forestié, *Recueil de l'Académie des sciences, belles-lettres et arts de Tarn-et-Garonne : Olympe de Gouges* (suite et fin), t. XVII, Montauban, Imprimerie Forestié, 1901, p. 87-134 (sur *Gallica* : https://gallica.bnf.fr/ark:/12148/bpt6k5752659c)

- Catherine Marand-Fouquet, *La Femme au temps de la Révolution*, Paris, Stock, 1989.

- Catherine Masson, « Olympe de Gouges, anti-esclavagiste et non-violente », *Women in French Studies*, vol. 10, 2002, p. 153-165.

- Sophie Mousset, *Olympe de Gouges et les droits de la femme*, Paris, Le Félin, 2003.

- Michelle Perrot, *Des femmes rebelles - Olympe de Gouges, Flora Tristan, George Sand*, Elyzad poche, 2014.

- Jean-Daniel Piquet, *L'Émancipation des Noirs dans la Révolution française (1789-1795)*, Paris, Karthala, 2002.

- Annette Rosa, *Citoyennes. Les femmes et la Révolution française*, Paris, Messidor, 1988.

- Jürgen Siess, « Un discours politique au féminin : le projet d'Olympe de Gouges », *Mots : Les Langages du politique*, ENS Éditions, n° 78, juillet 2005, p. 9-21 ([https://mots.revues.org/293]).

- Anne Soprani, *La Révolution et les femmes de 1789 à 1796* Paris, M Éditions, 1988.
- René Tarin, « L'Esclavage des noirs, ou la mauvaise conscience d'Olympe de Gouges », *Dix-huitième Siècle*, Paris, Presses universitaires de France, n° 30, 1998, p. 373-381 [http://www.persee.fr/doc/dhs_0070-6760_1998_num_30_1_2249]).
- Gabrielle Verdier, « Olympe de Gouges et le divorce sur la scène révolutionnaire : adieu au mariage d'Ancien Régime ? », *Dalhousie French Studies*, vol. 56 « Le mariage sous l'Ancien Régime », automne 2001, p. 154-164.

Romans

- Geneviève Chauvel, *Olympe*, Paris, Éditions Olivier Orban, 1989
- Maria-Rosa Cutrufelli, *J'ai vécu pour un rêve, Les derniers jours d'Olympe de Gouges*, Éditions Autrement, 2008.
- Joëlle Gardes, *Olympe de Gouges. Une vie comme un roman*, Paris, Éditions de l'Amandier, 2008
- Caroline Grimm, *Moi, Olympe de Gouges*, Paris, Calmann-Lévy, 2009

Théâtre

- *Où vont les Gilets Jaunes ? avec Olympe de Gouges en 1793*, pièce radiophonique mise en scène par Les Capsules d'Olen.
- *Terreur-Olympe de Gouges* de Elsa Solal, mise en scène Sylvie Pascaud avec Anne-Sophie Robin, Martial Jacques, Gilles Nicolas, Alain Granier. Théâtre du Lucernaire, 2013.
- *La Colère d'Olympe* de Darja Stocker (titre original : *Zornig geboren*), traduit de l'allemand par Charlotte Bomy, coll. bilingue Nouvelles Scènes, PUM, Toulouse, 2012.
- *Olympe de Gouges*, dramaturgie et mise en scène Jean-Pierre Armand assisté par Marie Jean, créé le 6 novembre 2012 à la Cave Poésie de Toulouse par la Compagnie Théâtre du Cornet à dés. Textes de Gilbert Geraud d'après les écrits politiques d'Olympe de Gouges ; documentation de Evelyne Romain, Rotureau et Olivier ; images vidéos : Bruno Wagner ; lumières et régie générale : Gérard Bruneau ; son : Jean Rigaud ; scénographie : Olivier Hebert ; accessoires scéniques : Annie Giral ; costumes : Marianne Levasseur ; enregistrement : Studio de la Manne.
- *Olympe de Gouges, j'ai dit !* de Giancarlo Ciarapica, créé au festival d'Avignon 2010, publié chez Christophe Chomant éditeur.

- *Olympe de Gouges, l'oubliée de l'histoire* de Dominique Wenta, créé à la mairie du 4ᵉ arrondissement de Paris à l'occasion de l'inauguration de la place Olympe-de-Gouges, le 8 mars 1993.
- *Et... cris, Olympe de Gouges (1748-1793)* de Claude Darvy et Danielle Netter.
- *J'ai rêvé la Révolution* de Catherine Anne, créé au Théâtre des Quartiers d'Ivry en 2018.« […] Le sentiment que l'action peut se dérouler aujourd'hui, dans un autre pays, fait place, peu à peu, à la conscience que cela a eu lieu autrefois, ici. J'ai choisi cette ambivalence, cette tension, et l'épure d'une pièce intimiste pour évoquer la figure et les derniers jours d'une femme, guillotinée en novembre 1793 pour ses idées et ses écrits, Olympe de Gouges. »

Bande dessinée

- Catel et José-Louis Bocquet, *Olympe de Gouges*, Paris, Casterman, 2012, 488 p. Roman graphique complété par une documentation comportant une chronologie, trente-neuf notices biographiques et une bibliographie sur Olympe de Gouges, son temps et les personnages qu'elle a côtoyés.

Œuvres de Olympe de Gouges

Théâtre

- *Zamore et Mirza, ou l'Heureux naufrage*, 1784.
- *Le Mariage inattendu de Chérubin*, Séville et Paris, Cailleau, 1786.
- *L'Homme généreux*, Paris, chez l'auteur, Knapen et fils, 1786.
- *Le Philosophe corrigé ou le cocu supposé*, Paris, 1787.
- *Molière chez Ninon, ou le siècle des grands hommes*, 1788.
- *Bienfaisance, ou la bonne mère suivi de La bienfaisance récompensée*, 1788.
- *Œuvres de Madame de Gouges*, dédié à Monseigneur le duc d'Orléans, 2 volumes, Paris, chez l'auteur et Cailleau, (février) 1788 (recueil des premières pièces imprimées avec préfaces et postfaces, dont *Zamore et Mirza* et *Réflexions sur les hommes nègres*).

- *Œuvres de Madame de Gouges*, dédié à Monseigneur le prince de Condé, 1 volume, Paris, chez l'auteur et Cailleau, septembre 1788.
- *Le Marché des Noirs*, manuscrit déposé et lu à la Comédie-Française, 1790.
- *Le Nouveau Tartuffe, ou l'école des jeunes gens*, manuscrit déposé et lu à la Comédie-Française, 1790.
- *Les Démocrates et les aristocrates, ou les curieux du champ de Mars*, 1790.
- *La Nécessité du divorce*, manuscrit conservé à la Bibliothèque nationale, 1790.
- *Le Couvent, ou les vœux forcés* Paris, veuve Duchesne, veuve Bailly et marchands de nouveautés, octobre 1790.
- *Le Marché des Noirs*, manuscrit, décembre 1790.
- *Mirabeau aux Champs Élysées*, Paris, Garnery, 1791.
- *L'Esclavage des Noirs, ou l'heureux naufrage*, Paris, veuve Duchesne, veuve Bailly et les marchands de nouveautés, 1792.
- *La France sauvée, ou le tyran détrôné*, manuscrit, 1792.
- *L'Entrée de Dumouriez à Bruxelles, ou les vivandiers*, 1793.

Écrits politiques (brochures, affiches, articles, discours, lettres)

- *Réflexions sur les hommes nègres*, 1788.
- *Lettre au Peuple ou projet d'une caisse patriotique, par une citoyenne*, septembre 1788.
- *Remarques patriotiques par la Citoyenne auteur de la Lettre au peuple*, Paris, décembre 1788.
- *Le Bonheur primitif de l'homme, ou les rêveries patriotiques*, Amsterdam et Paris, Royer, 1789.
- *Dialogue allégorique entre la France et la Vérité', dédié aux États Généraux*, (avril) 1789.
- *Le Cri du sage, par une femme*, Paris, (mai) 1789.
- *Avis pressant, ou Réponse à mes calomniateurs*, Paris, (mai) 1789.
- *Pour sauver la patrie, il faut respecter les trois ordres, c'est le seul moyen de conciliation qui nous reste*, Paris, juin 1789.
- *Mes vœux sont remplis, ou Le don patriotique, par Madame de Gouges, dédié aux États généraux*, Paris, juin 1789.
- *Discours de l'aveugle aux Français, par Madame de Gouges*, Paris, 24 juin 1789.
- *Lettre à Monseigneur le duc d'Orléans, premier prince du sang*, Paris, juillet 1789.

- *Séance royale. Motion de Mgr le duc d'Orléans, ou Les songes patriotiques, dédié à Mgr le duc d'Orléans, par Madame de Gouges*, 11 juillet 1789.
- *L'Ordre national, ou le comte d'Artois inspiré par Mentor, dédié aux États généraux*, Paris, juillet-août 1789.
- *Lettre aux représentants de la Nation*, Paris, L. Jorry, (septembre) 1789 (« Le jour n'est pas plus pur que le fond de mon cœur »).
- *Action héroïque d'une Française, ou la France sauvée par les femmes, par Mme de G...*, Paris, 10 septembre 1789.
- *Le Contre-poison, avis aux citoyens de Versailles*, Paris, octobre 1789.
- *Lettre aux rédacteurs de la Chronique de Paris*, 20 décembre 1789.
- *Réponse au Champion américain, ou Colon très aisé à connaître*, Paris, 18 janvier 1790.
- *Lettre aux littérateurs français, par Madame de Gouges*, Paris, février 1790.
- *Les Comédiens démasqués, ou Madame de Gouges ruinée par la Comédie française pour se faire jouer*, Paris, 1790.
- *Départ de M. Necker et de Mme de Gouges, ou Les adieux de Mme de Gouges aux Français*, Paris, 24 avril 1790.
- *Projet sur la formation d'un tribunal populaire et suprême en matière criminelle, présenté par Mme de Gouges le 26 mai 1790 à l'Assemblée nationale*, Paris, Patriote français, 1790.
- *Bouquet national dédié à Henri IV, pour sa fête*, Paris, juillet 1790.
- *Œuvres de Madame de Gouges*, Paris, 1790 (recueil factice des écrits politiques de 1788 à 1790).
- *Le Tombeau de Mirabeau*, avril 1791.
- *Adresse au roi, adresse à la reine, adresse au prince de Condé, Observations à M. Duveyrier sur sa fameuse ambassade, par Mme de Gouges*, Paris, (mai) 1791.
- *Sera-t-il roi ne le sera-t-il pas ?, par Madame de Gouges* Paris, juin 1791.
- *Observations sur les étrangers*, juillet 1791.
- *Repentir de Madame de Gouges*, Paris, lundi 5 septembre 1791.
- *Les Droits de la femme. À la reine*, signé « de Gouges ». *Déclaration des droits de la femme et de la citoyenne*, septembre 1791.
- *Le Prince philosophe* (conte oriental), Paris, Briand, 1792.
- *Le Bon Sens du Français*, 17 février 1792.
- *Lettre aux rédacteurs du Thermomètre du Jour*, 1er mars 1792.

- *L'Esprit français ou problème à résoudre sur le labyrinthe de divers complots, par madame de Gouges*, Paris, veuve Duchesne, 22 mars 1792.
- *Le Bon Sens français, ou L'apologie des vrais nobles, dédié aux Jacobins*, Paris, 15 avril 1792.
- *Grande éclipse du soleil jacobiniste et de la lune feuillantine, pour la fin d'avril ou dans le courant du mois de mai, par la LIBERTE, l'an IVe de son nom, dédié à la Terre* (avril) 1792.
- *Lettre aux Français*, avril 1792.
- *Lettres à la reine, aux généraux de l'armée, aux amis de la constitution et aux Française citoyennes. Description de la fête du 3 juin, par Marie-Olympe de Gouges*, Paris, société typographique aux Jacobins Saint-Honoré, juin 1792.
- *Œuvres de Madame de Gouges*, 2 vol., Paris, veuve Duchesne (textes et théâtre politiques de 1791 et 1792).
- *Pacte national par marie-Olympe de Gouges, adressé à l'Assemblée nationale* 5 juillet 1792.
- *Lettre au Moniteur sur la mort de Gouvion*, 15 juillet 1792.
- *Aux Fédérés*, 22 juillet 1792.
- *Le Cri de l'innocence* (septembre) 1792.
- *La Fierté de l'innocence, ou le Silence du véritable patriotisme, par Marie-Olympe de Gouges* (septembre) 1792.
- *Les Fantômes de l'opinion publique. L'esprit qu'on veut avoir gâte celui qu'on a*, Paris, (octobre) 1792.
- *Réponse à la justification de Maximilien Robespierre, adressé à Jérôme Pétion, par Olympe de Gouges*, novembre 1792.
- *Pronostic sur Maximilien Robespierre, par un animal amphibie* (signé « Polyme »), 5 novembre 1792.
- *Correspondance de la Cour. Compte moral rendu et dernier mot à mes chers amis, par Olympe de Gouges, à la Convention nationale et au peuple, sur une dénonciation faite contre son civisme aux Jacobins par le sieur Bourdon*, Paris, novembre 1792.
- *Mon dernier mot à mes chers amis*, décembre 1792.
- *Olympe de Gouges défenseur officieux de Louis Capet*, de l'imprimerie de Valade fils aîné, rue Jean-Jacques Rousseau, 16 décembre 1792.
- *Adresse au don Quichotte du Nord, par Marie-Olympe de Gouges*, Paris, Imprimerie nationale, 1792.
- *Arrêt de mort que présente Olympe de Gouges contre Louis Capet*[85], Paris, 18 janvier 1793.
- *Complots dévoilés des sociétaires du prétendu théâtre de la République*, Paris, janvier 1793.

- *Olympe de Gouges à Dumouriez, général des armées de la République française*, Paris, 22 janvier 1793.
- *Avis pressant à la Convention, par une vraie républicaine*, Paris, 20 mars 1793.
- *Testament politique d'Olympe de Gouges*, 4 juin 1793[86].
- *Œuvres de Madame de Gouges*, 2 volumes, Paris, 1793 (écrits politiques de 1792 et 1793).
- *Les Trois Urnes, par un voyageur aérien*[87], (19 juillet) 1793.
- *Olympe de Gouges au Tribunal révolutionnaire*, paru dans la première quinzaine d'août 1793.
- *Une patriote persécutée, à la Convention nationale*, signé « Olympe de Gouges », 21 septembre 1793.

Éditions modernes

- Benoîte Groult, *Ainsi soit Olympe de Gouges : la Déclaration des droits de la femme et autres textes politiques*, Paris, Grasset, 2014, 157 p.
- *Écrits politiques*, présentés par Olivier Blanc, vol. I (1789-1791), vol. II (1792-1793), Paris, Éditions Côté Femmes, 1993.
- *Théâtre politique*, « Préface » de Gisela Thiele-Knobloch, Paris, Côté Femmes Éditions, 2 vol., 1991
- *Œuvres complètes*, deux tomes présentés par Félix-Marcel Castan, Montauban, éditions Cocagne :
- Tome I *Théâtre*.
- Tome II *Philosophie*.
- *Déclaration des droits de la femme et de la citoyenne*, Paris, Mille et une nuits
- *Femme, réveille-toi ! : Déclaration des droits de la femme et de la citoyenne et autres écrits* (préf. Martine Reid), Paris, Gallimard, coll. « Folio 2€ », 2014, 99 p.
- *Zamor et Mirza* édition avec préface de 1792, Paris, Éditions Côté Femmes, 1989, présentée par Eleni Varikas.
- Olympe de Gouges, *Œuvres présentées par Benoîte Groult*, Paris, Mercure de France, 1986.

Table des matières